JN036009

もしも…に慌てない

登山式DE防災習慣

お役立ちコミックエッセイ

鈴木みき

講談社

もしも…に慌てない

登山式DE防災習慣

お役立ちコミックエッセイ

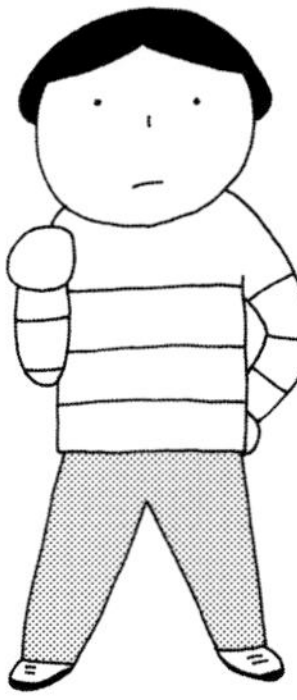

ごあいさつ

暗く心細い夜を過ごしたことがありますか。
窓から入る街明かりもなく、
外を出ても星明かりしかない。
もしかして、この場所に自分だけが取り残されてしまったの……？

そんなとき、ポッケに忍ばせてあった小さなライトの光に
どれだけ助けられることでしょう。
こんな明るささえ、なければ一歩も進めない
人間の機能なんてこんなものかと思うかもしれません。

登山は
人間が生きていくのに必要なものを備えて
自然に入っていく行為です。
私たちは自然のなかで動物ほど優れた機能は持ち合わせていませんが
それをカバーする道具が使えます。
そして、私たちにも自分の身を守る本能があります。

山に事故に遭いたくて登る人はいません。
遭いたくないから備えるのです。
楽しく歩いて、無事に家に帰るために準備をするのです。
自然のなかで自分が弱いと分かっているから。
何かのせいにできないのを知っているから。

災害でも同じ、
遭いたくて遭う人はいません。

災害になにも備えず暮らすことは
山になにも備えず登ることと似ています。
そこに命の危険が潜んでいることを知りつつ
無防備でいるのは無謀なことです。

登山の備えは防災そのものです。
道具、テクニック、危険予測、心構え…
どれをとっても災害時に役に立つでしょう。

登山者はもしも…のときに慌てません。

だって、
先月の楽しい登山でも同じような状況を経験したばかりです。
クローゼットを開ければ避難装備が揃《そろ》っています。

登山は知らず知らずに防災訓練しているようなものなのです。

登山式に防災すれば
もしも…のときのためだけでなく、
楽しい週末のための備えにもなりますよ。

目次

CONTENTS

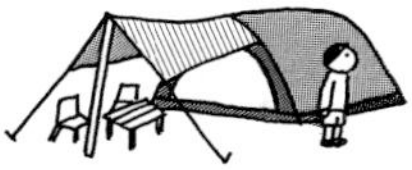

CONTENTS

序章　はじめに

登山の術《すべ》は防災に通ずる

地震　カミナリ
火事　鈴木…
登山歴22年の
イラストレーター
鈴木みきです
どもっ
近年
大きな自然災害が
頻発していますよね
2000年に入ってから
だけでも
三宅島噴火
中越地震
東日本大震災
広島土砂災害
御嶽山噴火
熊本地震
西日本豪雨
北海道胆振《いぶり》東部地震
……などなど
2019年に発生し
世界規模に広がった
新型コロナウイルスの
感染拡大も
災害といえます
COVID-19
「災いは忘れたころに
やってくる」というけれど
最近は「忘れる間もなく
やってくる」気がします
よねぇ〜
比較的忘れっぽい
日本人なのに…

おそらく
国民全員が「なんか怖い」と
思ってはいるものの
普段から防災を意識して
生活をしている人って
ひと握りなのでは
ないでしょうか
具体的に
なにか「防災」して
いますか？
私も帰省していた東京で
東日本大震災に遭い
山梨に戻って計画停電を
味わうまでは　特に
何もしていませんでした
それまでは
大きな災害があっても
いま思えば　対岸の火事
私をふくめ　あの震災で
「防災」への関心が
高まった人は　かなり
多かったことでしょう
とはいえ　私は
それからもモヤモヤと
具体策や行動に
移せないままでした…
それが一昨年のこと
札幌に引っ越した私は
最大震度7
札幌で震度5の
胆振東部地震を
経験します
揺れた瞬間は
何が起きているか
さっぱり
わかりませんでした
歩道で
友人としゃがむのが
精一杯
まだ揺れてない？
やんだ？

でも　不思議とすぐに
落ち着いて次の行動を
考えることができました
今のうちに
コンビニで
おにぎりと
水を買って
タクシーで
帰ろう
これはきっと
「登山」をしていた
おかげなんじゃ
ないか！
そう
思ったんですよ
なぜなら登山というのは
常に　目の前の状況に対して
「安全」なほうを選びながら
行います
どっちが
つらくない
かな？
天候や時間配分
自分の体力をも先読みする
危機管理能力も必要です
午後は
雷かも…
急ぐか！
おまけに
自然についての知識も
関心も　知らず知らずに
増えちゃうんです
あれは
活火山
麓の温泉は
硫黄泉
かな
ね？
なんとなく
「防災力」と
似ていませんか？

そして特筆すべきは
登山装備の優秀さ!
電気もガスも
止まってる?
水が出ない?
お風呂はおろか
トイレも使えない?
うん
うん
こんなときも
登山者は焦りません
ハッハッハッハ
これって
山と同じ状況
ですね?
ええ、
同じ状況に
心当たり
ありますぜ
パタン
そう　登山者の
ザックのなかには
すべてに
対応できるものが
あるのです
でも胆振東部地震のときは
全道がブラックアウト
余震が続き　避難所に
行ったほうがいいのか
どうなのか…?
迷いました
で、
どうしよ?
とりあえず家が無事で
食べるものもあったので
家にいることに
なんか
山にいるみたい
静かだ…

※ブラックアウト……大規模停電を指す防災用語

しかし
偵察がてら
外に出てみると
「災害」という
非日常が
ありました
避難所をのぞけば
大声で文句を言う人
不確かな情報で
停電を誰かのせいに
している井戸端会議
スーパーは大行列
コンビニはすっからかん
ああ どうしよ
私はムリかも
知らない人たちと
避難所生活
したくないかも
いやいや
私は登山者なんだから
「自立避難」すれば
いいじゃん?
そうさ
自宅が危険なら
テントがある!
遠くまで歩いて
逃げられる
脚も
術《すべ》もある!!
生き残れたら
自力で
何とかしよう
よかった
ポジティブ×ネガティブ
これが
本気で防災を始める
キッカケでした

それから
改めて勉強しはじめると
「登山」には
避難のときに
役に立つ術が詰まっていました
棚ぼた や…
防災の本は まるで 登山の ハウトゥ本 のよう…
はじめる防災
今まで ただ登山を
楽しんでいただけなのに
いつのまにか「防災力」が
養われていたなんて！
避難のしかたは
災害の種類や規模次第
居住地や家族構成によって
変わるところですが
いろいろと
バッチリ役に立つこと
うけあいです！
ぶっつけ本番で
経験のないことを想像して
行動するのは至難の業
暗い～ 見えない～
1日に 必要な 水の量だけ～
わからん…
どうやって 食べるの？
災害食
「防災グッズ」も
使い道がわからなければ
意味がありません
コレ ナニ？
防災セット
被災直後に
それを教えてくれる
誰かが…いるでしょうか
あの～ コレって …？
えっと～ たすけて？
だから 定期的に
「防災訓練」が
あるんですよね
年に一度でも 忘れちゃいがち

正直
「防災」ってなると
身構えてしまうし
なんか　つまらなそう
地区の防災訓練か…
行きにくいなぁ
でも「登山」や
「キャンプ」なら
始めやすいのでは
ないかしら
テントに泊まってみたいかも
いつ来るか
来ないか
わからない災害
おびえて防災を
するのではなく
登山を楽しみ
ながら備える
——というのは
どうでしょう?
本当に役に立つ備えは
「知識」と「経験」だと
思います
楽しいことの
積み重ねが
あなたや大切な人を
守ることに
つながってるなんて
最高じゃないですか
登山式で
あなたの防災力を
上げてみませんか

第1章 登山ってどんなこと?

ザックリいえば
登山って
こんなこと
まず　はじめに
登山について
一つひとつを細かく
説明できませんが
「登山」がどういうものか
ザックリ摑《つか》んでもらえたら
日本の一般的な登山は
雪のない山で
地図にある登山道を歩く
アウトドア・
アクティビティです
登山というと
高い山を思い浮かべる
かもしれませんが
低い山でも
登頂しなくても
立派な登山です
山には登山道のほか
標識や看板などの
道しるべがあります
←山
町→
道路や
ロープウェイがある
山もあります
山域によっては
宿泊できる山小屋が
建っています

山小屋と
多くの登山口には
トイレが設置されています
穴だけもあれば
水洗もある
バイオも多い
使用料 200円くらい
道中や山頂に
あずまやがあったり
すずしい
石碑や祠《ほこら》が
建立されていることも
神さまいっぱい
慰霊碑や歌碑
でも
あるのは
このくらい
あとは ほぼ
山しかない
住民は野生動物と
山小屋の番人です
クマ
シカ
トリ
イノシシ
ムシ
カモシカ
イタチ
ネズミ
ヘビ
バンニン
ほとんどの山小屋には
電線や各種の管が
通っていません
自家発電した電気と
運び上げたプロパンガス
水は沢水
近くに沢がなければ
雨水に頼って
営業しています
恵みの雨
シト
シト

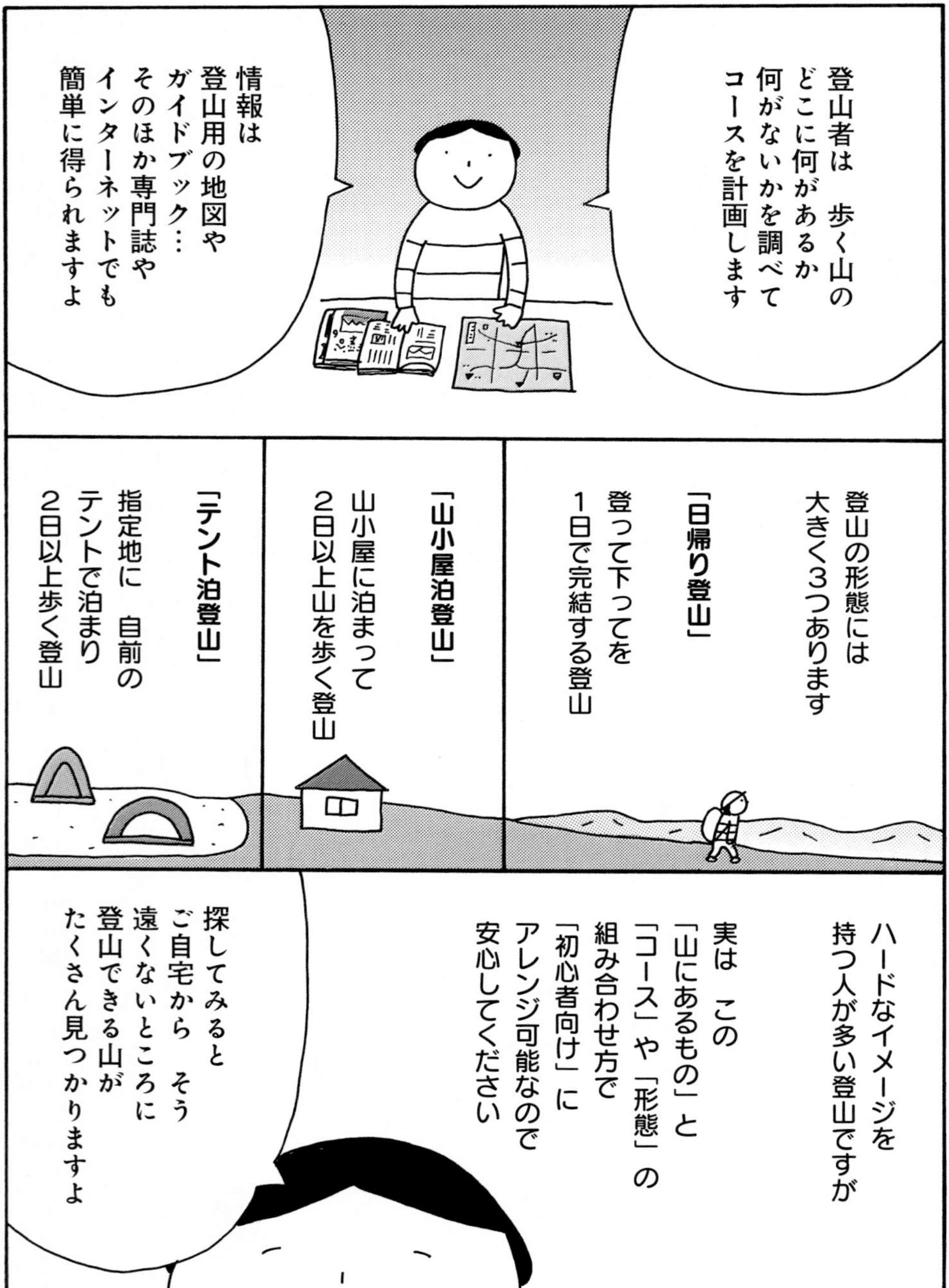
登山者は 歩く山の どこに何があるか 何がないかを調べて コースを計画します
情報は 登山用の地図や ガイドブック… そのほか専門誌や インターネットでも 簡単に得られますよ
登山の形態には 大きく3つあります
「日帰り登山」 登って下ってを 1日で完結する登山
「山小屋泊登山」 山小屋に泊まって 2日以上山を歩く登山
「テント泊登山」 指定地に 自前の テントで泊まり 2日以上歩く登山
ハードなイメージを 持つ人が多い登山ですが
実は この 「山にあるもの」と 「コース」や「形態」の 組み合わせ方で 「初心者向け」に アレンジ可能なので 安心してください
探してみると ご自宅から そう 遠くないところに 登山できる山が たくさん見つかりますよ

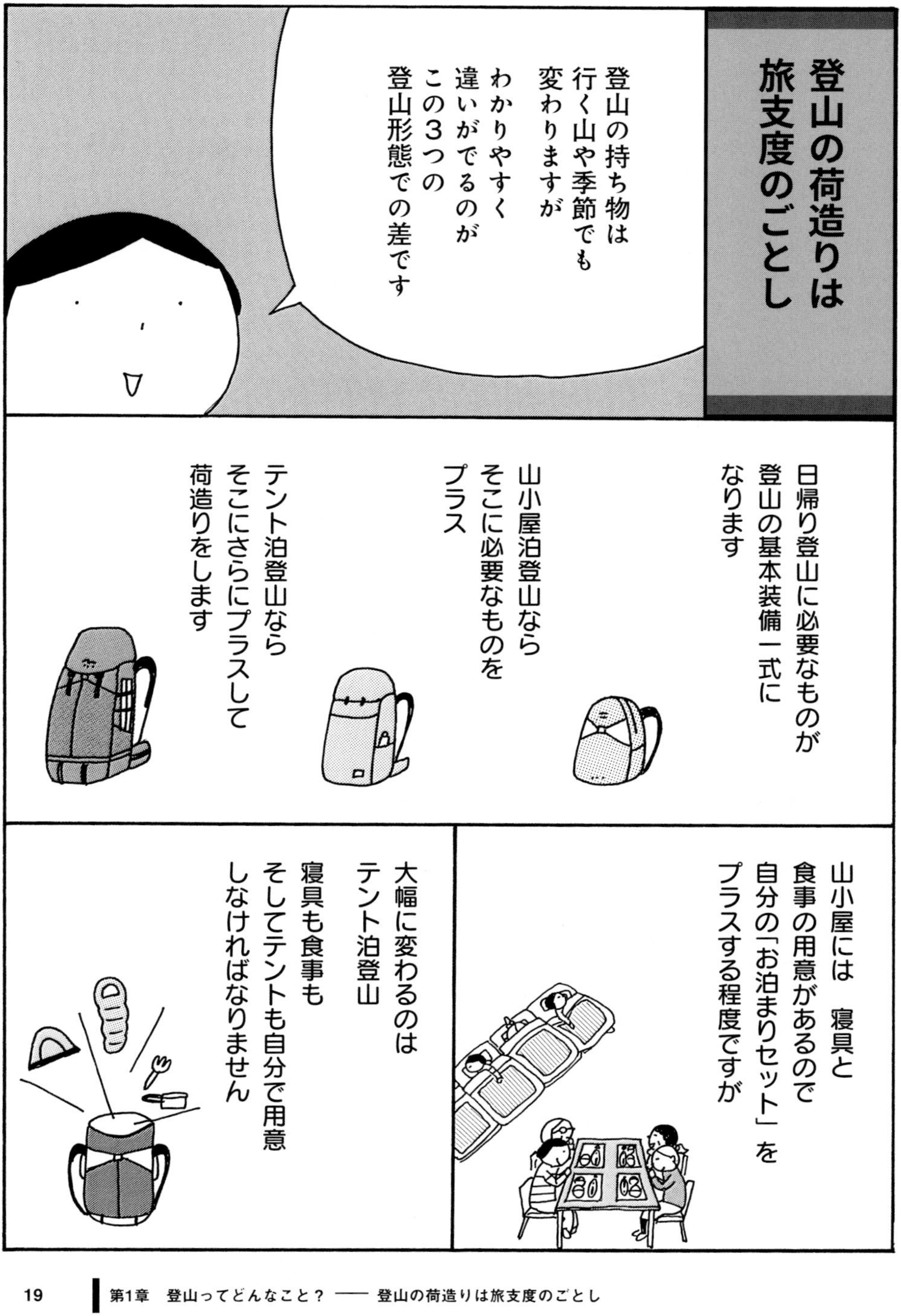
登山の荷造りは旅支度のごとし
登山の持ち物は行く山や季節でも変わりますがわかりやすく違いがでるのがこの3つの登山形態での差です
日帰り登山に必要なものが登山の基本装備一式になります
山小屋泊登山ならそこに必要なものをプラス
テント泊登山ならそこにさらにプラスして荷造りをします
山小屋には　寝具と食事の用意があるので自分の「お泊まりセット」をプラスする程度ですが
大幅に変わるのはテント泊登山
寝具も食事もそしてテントも自分で用意しなければなりません

アウトドア・アクティビティは数あれど「登山」が独特なのはこれらの荷物を背負って歩く時間がやけに長いことです
1日に平均で3～4時間長いと8時間以上歩くことも
忘れ物をしても戻るに戻れないので持ち物はいちばん気を遣うポイントです
登山の持ち物を揃《そろ》えるのは難しそうだと思うかもしれませんが海外旅行の持ち物を考えるときとよく似ています
たとえばハワイ6日間の旅何を持っていきましょう？
せっかち
パスポートと…
暑いだろうから夏物の着替えでも夜は涼しいかも？
泳ぐかわからないけど水着はマスト
買い物めぐりにスニーカーも要るかな
日本食もちょっと持っていくか…
言葉がわからないから念のため薬もだな

そうそう　その感覚
登山の荷造りも同じ
パチパチ
海外旅行だと
国内旅行よりも
慎重に
必要なものを考えますよね
OK!
しかも　飛行機の
預け荷物の制限つき
山もいつもの環境から
かけ離れているので
いろいろ想定して
荷造りをします
OK!
しかも
自分が背負える
範囲内で
荷物が重いと
歩くのが大変なので
最低限の持ち物にする
努力をします
これも　防災に通じると
思うんですよね
もし　避難所に
行くとなったとき
家ごと持って
いけません
火事場の
なんとかで
なんとか!!
持ち出しをする
優先順位をつけないと
大変なことに
なるでしょう
な、
ならなかった

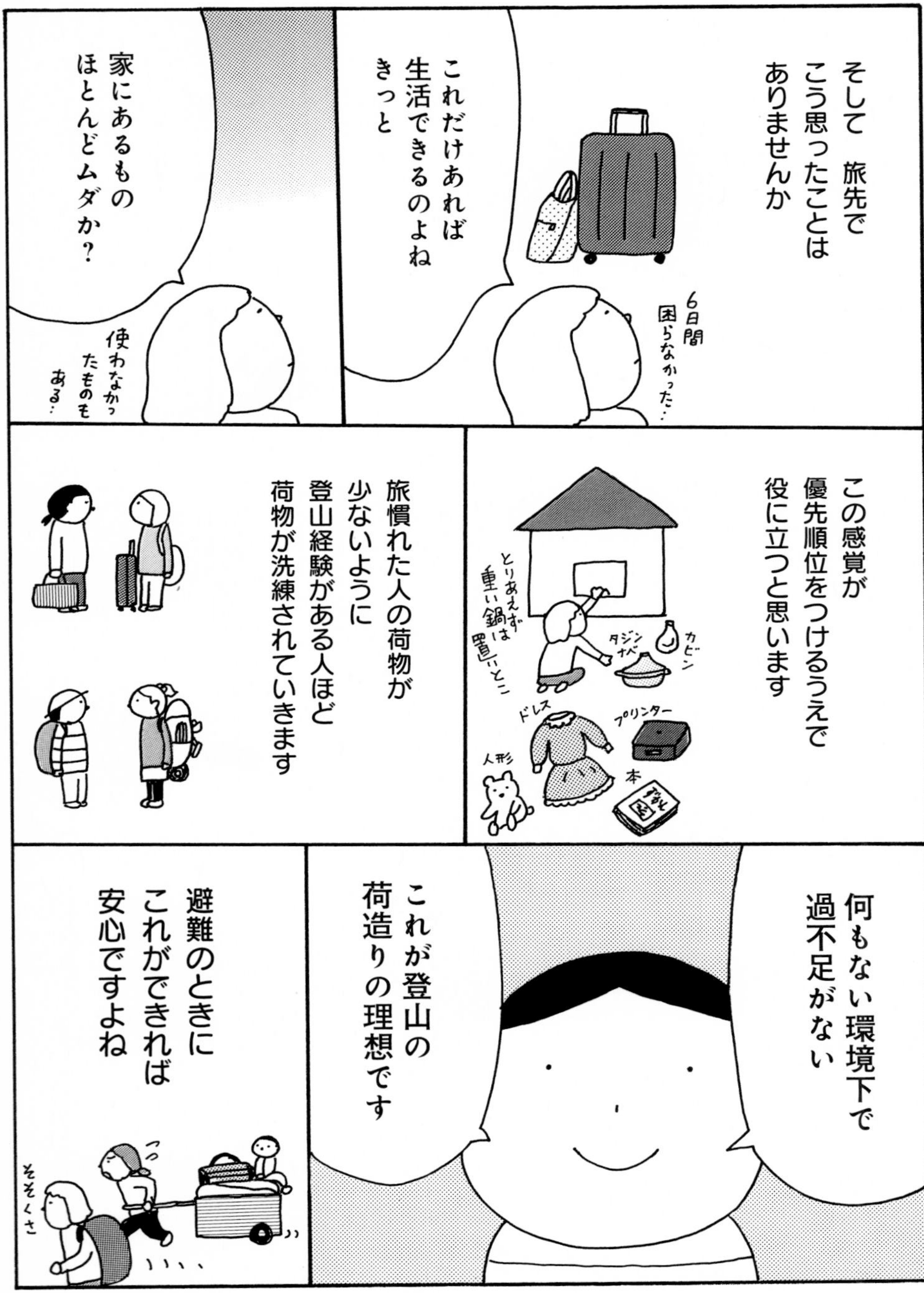

そして 旅先で
こう思ったことは
ありませんか
これだけあれば
生活できるのよね
きっと
6日間
困らなかった…
家にあるもの
ほとんどムダか？
使わなかったものもある…
この感覚が
優先順位をつけるうえで
役に立つと思います
とりあえず重い鍋は置いとこ
タジンナベ
カビン
ドレス
プリンター
人形
本
旅慣れた人の荷物が
少ないように
登山経験がある人ほど
荷物が洗練されていきます
何もない環境下で
過不足がない
これが登山の
荷造りの理想です
避難のときに
これができれば
安心ですよね
そそくさ

テント生活は避難生活のごとし
みきさーん!
なんですか 急に呼び出し
助手くん お久しブリーフ
あ みなさん 紹介します 山友の助手くんです
ハイ 助手です
こんにちはー
今回もちょっと 登山初心者の ご意見番として
……
えっと… 助手はキャンプに 転向したんですケド
キャンプって あのキャンプ?
あのキャンプって どのキャンプですか
念のため ビリー隊長のじゃないですよ

キャンプ場は水道もトイレも外灯だってあって安心して過ごせますよ
登山みたいに切り詰めた感じはないし…
道具も　オシャレなものが多くて登山用より安いんです
たしかにキャンプ用品は大きくても重くても車で運べれば関係ないね
登山
キャンプ
（テント）
（コンロ）
（ライト）
でも最近はソロキャンプ流行《ばや》りでコンパクトな登山の道具もよく見ますよ
とはいえキャンプ場でガチ登山用だとファミリーキャンプに囲まれたとき　なんか切ないんですよね
「登山」と「キャンプ」の道具の差は求める楽しみや機能が違うから仕方ないね
おいしい料理
焚火
リラックス
いい景色
達成感

でもさ キャンプに比べて 登山のいいところも あるでしょ？
ある？
こっちが聞いてんのね
キャンプしてみて わかったんですけど 登山って けっこう 荒療治的ですよね
いいとこ聞いてんのね…
だって 大汗かいて 登ってきたのに 山小屋にお風呂がなくて
みきさん おフロは…
ないよ
ポリ ポリ
若い乙女が 数日お風呂に 入れないとか！
何時間歩いても トイレがないときは やむをえず トイレじゃないところで 用を足すとか！
…
早くおし 人が来ちゃうよ
あと 山小屋で 知らない人と相部屋で 雑魚寝——って いうのも衝撃でした
布団《ふとん》を並べる なんて 修学旅行 以来！

そうね 今となっては どれもこれも 非日常なのかもね
そもそも山小屋は 登山が流行《はや》りだした 昭和のはじめまでは 「避難小屋」だったんだよ
へー じゃあ お風呂やトイレどころか 客室や食事も なかったんですか
そのころと比べたら 山は格段に便利に 変わりましたが 孤立した場所で あることには 変わりありません
こんなとこに ポツンと 山小屋
そのため 山小屋の物資には限りがあり 登山者の助け合いなしには 成り立たない部分が 多く残っています
スミマセン
こちらこそ
災害のときの 避難所みたいですね
するどいねえ 助手くん! 限られた物資に インフラ そして 他人との共同生活 ……
まさに 山小屋は 楽しい避難所
タハッ
やめてください その不便な感じが 山小屋の魅力なのに

それを言ったらテント泊なんか究極の避難じゃないですか
助手くんは賢いね今回は防災の本なんだ
もしかしてしこみかな？
地震とかの？防災ですか？
そう　助手くんはなにか防災してる？
本棚の上に突っ張り棒みたいのしましたよ
コレ
おおっそれはエライ
ほらほかに登山の経験が生きたなんてことないかな？
あっ停電のとき登山用のライトが役に立ちました！
あとは…あとは……？
う〜ん
ね〜〜〜いろいろあるでしょ〜〜助手くんよぉ〜
ゆっさゆっさ
これまで私は登山のなにを君に伝えてきたのだろう
え？

column 1 チャートでわかる あなたの防災力

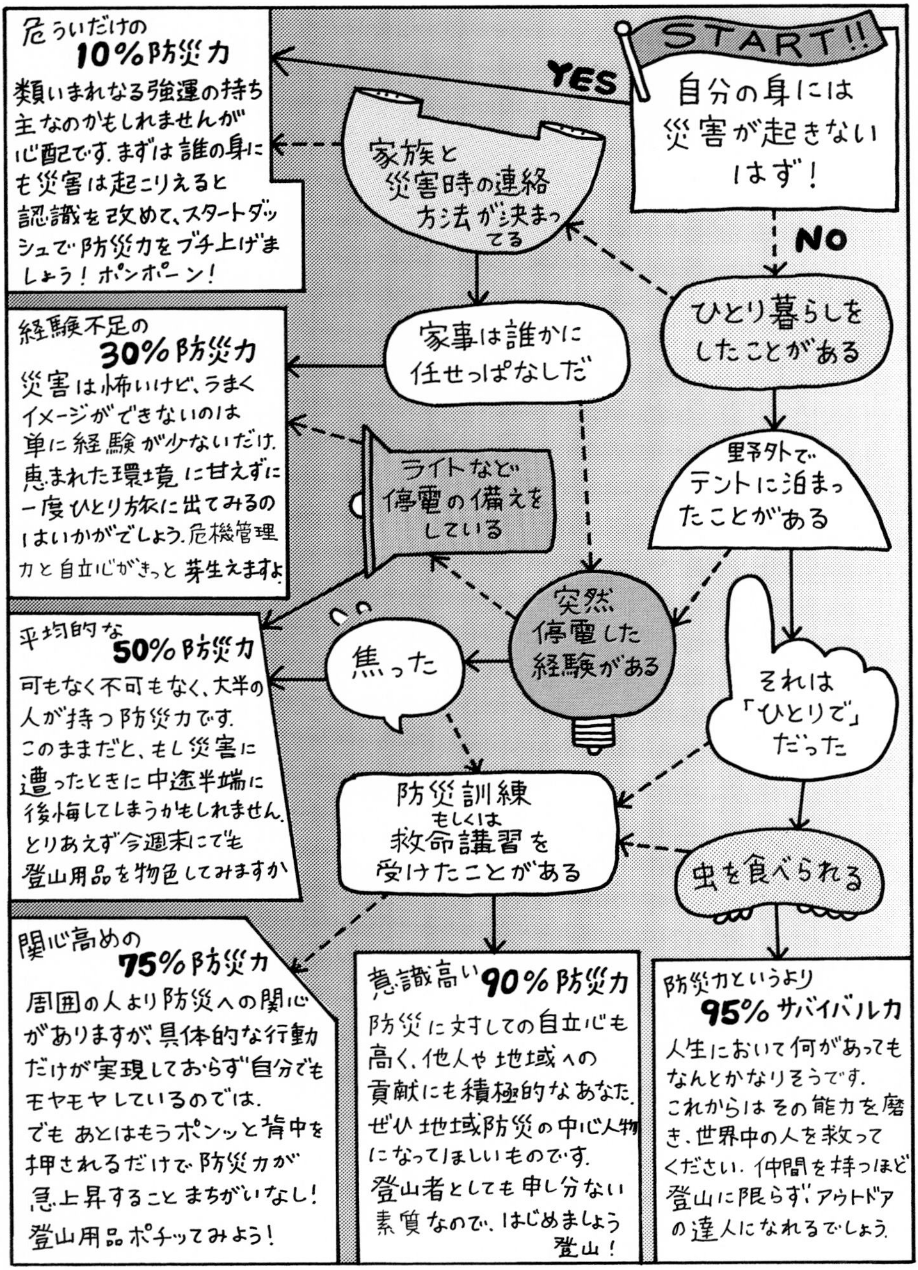
START!!
自分の身には災害が起きないはず！
YES
NO
家族と災害時の連絡方法が決まってる
ひとり暮らしをしたことがある
家事は誰かに任せっぱなしだ
野外でテントに泊まったことがある
ライトなど停電の備えをしている
突然停電した経験がある
焦った
それは「ひとりで」だった
防災訓練 もしくは 救命講習を受けたことがある
虫を食べられる
危ういだけの 10％防災力
類いまれなる強運の持ち主なのかもしれませんが心配です。まずは誰の身にも災害は起こりえると認識を改めて、スタートダッシュで防災力をブチ上げましょう！ポンポーン！
経験不足の 30％防災力
災害は怖いけど、うまくイメージができないのは単に経験が少ないだけ。恵まれた環境に甘えずに一度ひとり旅に出てみるのはいかがでしょう。危機管理力と自立心がきっと芽生えますよ
平均的な 50％防災力
可もなく不可もなく、大半の人が持つ防災力です。このままだと、もし災害に遭ったときに中途半端に後悔してしまうかもしれません。とりあえず今週末にでも登山用品を物色してみますか
関心高めの 75％防災力
周囲の人より防災への関心がありますが、具体的な行動だけが実現しておらず自分でもモヤモヤしているのでは。でもあとはもうポンッと背中を押されるだけで防災力が急上昇することまちがいなし！登山用品ポチッてみよう！
意識高い 90％防災力
防災に対しての自立心も高く、他人や地域への貢献にも積極的なあなた。ぜひ地域防災の中心人物になってほしいものです。登山者としても申し分ない素質なので、はじめましょう登山！
防災力というより 95％サバイバル力
人生において何があってもなんとかなりそうです。これからはその能力を磨き、世界中の人を救ってください。仲間を持つほど登山に限らず、アウトドアの達人になれるでしょう。

第2章

防災に役立つ登山の衣食住＋歩

機能に優れた登山ウエア

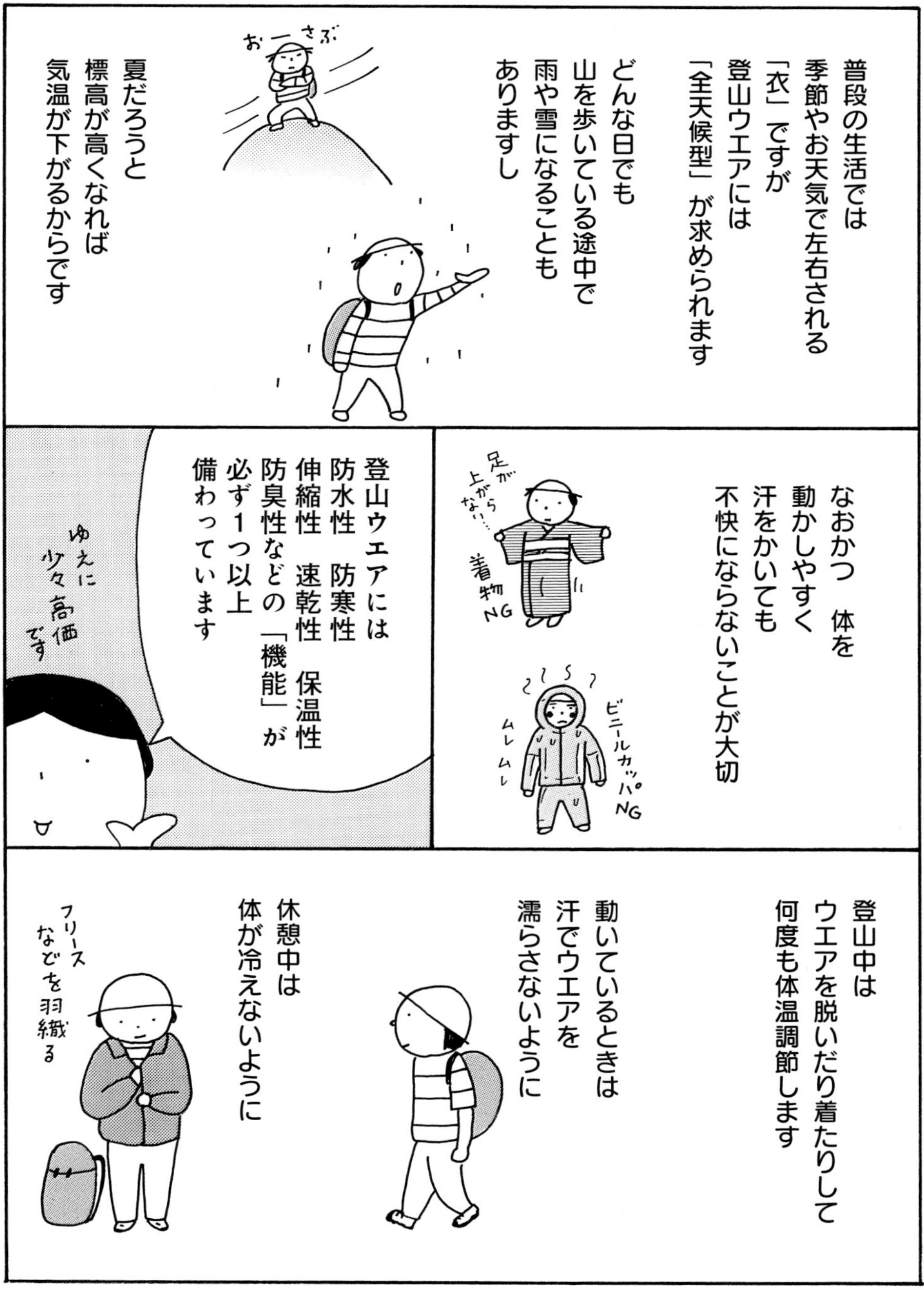
普段の生活では
季節やお天気で左右される
「衣」ですが
登山ウエアには
「全天候型」が求められます
どんな日でも
山を歩いている途中で
雨や雪になることも
ありますし
お一さぶ
夏だろうと
標高が高くなれば
気温が下がるからです
なおかつ　体を
動かしやすく
汗をかいても
不快にならないことが大切
足が上がらない…
着物NG
ビニールカッパNG
ムレムレ
登山ウエアには
防水性　防寒性
伸縮性　速乾性　保温性
防臭性などの「機能」が
必ず1つ以上
備わっています
ゆえに少々高価です
登山中は
ウエアを脱いだり着たりして
何度も体温調節します
動いているときは
汗でウエアを
濡らさないように
休憩中は
体が冷えないように
フリースなどを羽織る

雨や風をよけるため
レインウエアを着る
標高が上がって寒いとき
ダウンを着る
すっごい寒いとき
ウエア全部のせ
街でも重宝するフリースウエアやダウンジャケットは登山でも大活躍です
厚手のものより薄手のものを重ねて調節するのが登山式
しったか～
そのほうが暖かいんですよ～
何日も泊まって歩くこともある登山 荷物を減らすために着替えをどうしているかというと――
私は肌着と靴下とTシャツだけ着替えます
2日でも
私はたいてい何も着替えない
1週間くらいなら

くさっ
ホレ ホレ
3日モノじゃぞ
そうでもないでしょうよ
着替えない派が重宝しているのは防臭性に優れたウール素材です
メー
メー
おまけに汗をかいてもひやっとしないで荷物も減るんだから一石二鳥以上よ
メー
もし災害に遭《あ》ったら洗濯なんてしょっちゅうできないのよ
ええ〜そうか〜〜〜
そうですよねー
助手くんだって山なら2〜3日下着を替えなくて平気でしょ？
そっ それはみきさんがそうしろって……
やだー
みんなに内緒だったのにー
助手ぅ〜のパンツは昨日のパンツ〜♪
♪

男性がどうしているかはわかりませんが女性には「パンティライナー」という超薄型の下着用使い捨て敷きパットがあります
吸水力がほしいなら吸水ライナーがおすすめです
男性には生理用ではないナプキンで伝わるかしら?
お泊まり登山のときは下着そのものは替えずにライナーを交換しています
トイレで用を足すついでに取り替えられるので便利です
どの山小屋にも更衣室があるとは限らないので女性は着替えに苦労します
キョロ
キョロ
バサッ
避難所も体制が整うまでは同じことがいえそうです
登山の「衣」のアイデアで着替えが減らせるなら余計な心配やストレスも減るのではないでしょうか
毎日2回着替えたいのに
みんなが獣の目で見るの
男女の区別がない山小屋や避難所でお色気控えめなのも大事だと思うの
わかる?
控えられるか自信がないなぁ…
つい あふれて しまうハズ
あ゛ぁ

ところで避難するときはちゃんとした靴を履けっていうじゃない
慌ててサンダルなどで飛び出すのはNG
災害によっては瓦礫《がれき》や割れたガラスなどが散乱している場合があります
スニーカーでもいいけどソールもアッパーも丈夫で防水されてる登山靴のほうが安心感あるんじゃない
足首まで覆う軽登山靴が汎用性が高い
くるぶしまで覆うハイキングシューズは日常使いでも◎
ソールが薄いと痛そうだよね
確かにもともと足場の悪いところ用ですからね
岩場とか倒木とか
テント泊で出入りに使っているスポーツサンダルも避難所にあると便利かもしれないですね
ブーツは脱ぎ履きが大変だから
そうだね ソールをきれいにして室内履きにしても歩きやすくていいかも
スリッパみたいにパカパカうるさくないしね♪

あと 山には
晴れ予報でも
レインウエアを
持っていくじゃない
上下セパレートが キホン
防水透湿性 素材のものを 選ぼう
避難所生活が続けば
雨の日もあるだろうし
野外作業なんかも
あると思うの
雨はもちろんだけど
作業するときの
防寒と汚れ防止にも
いいよね
着替えが少ない
みきさんは
汚したくないしね
なんか避難所って
体育館のイメージ
なんですけど……
底冷えしそうですよね
季節も選べないし
冷暖房も行き届かない
だろうから
自分自身で体温調節に
気をつけないと だね
熱中症や 低体温症を 山で気をつけて いるようにさ
避難生活を
少しでも快適に過ごすには
「衣」の機能性を
あなどっちゃいけませんね
わかって きたね
山で ウェアの差が 命にかかわる こともあります もんね

防災にも生きる登山の「衣」goods
帽子
日よけはもちろん
汗止めや髪型隠し
にも有効
サングラス
できるだけ
スポーツ用のものを
シャツ
速乾性がある
シャツも人気
夏はTシャツよりも
風通しがよく涼しい
MOUNTAINS
2020
速乾性がある
ポリエステルなどの
化繊のものが主流
防臭性があるものが多い
手ぬぐいや
温泉タオル
汗を拭いたり
首に巻いたり
もちろん洗面や
入浴にも
薄いほうが乾きやすい
下着
いちばん肌に近いので
汗冷えしないのが大事
スポーツ用のシンプルな
デザインのものがいい
ボトムス
速乾性、伸縮性がある
ものが適している
避難という視点では
フルレングスがいいでしょう
ベースレイヤー
街でいうところの肌着
直接肌に触れるので、汗冷え
しない素材、防臭性がマスト
レインウエア
防水素材のなかでも
蒸れないものを。
防風(=防寒)にも使う
ので晴れていても必ず
上下で持つ
フリースジャケット
かさばるので薄手のものを。
ちょっと寒くなってきたときに
羽織るものというイメージ
セーターやトレーナーでもOK
ダウンジャケット
たたむと小さくなる
ので、夏でも忍ばせ
ておくべき
くつ下
登山用は厚手
でも柔らかく
防臭性もある
登山靴
ごつい見ためより
軽い。防水性が
あるものがいい

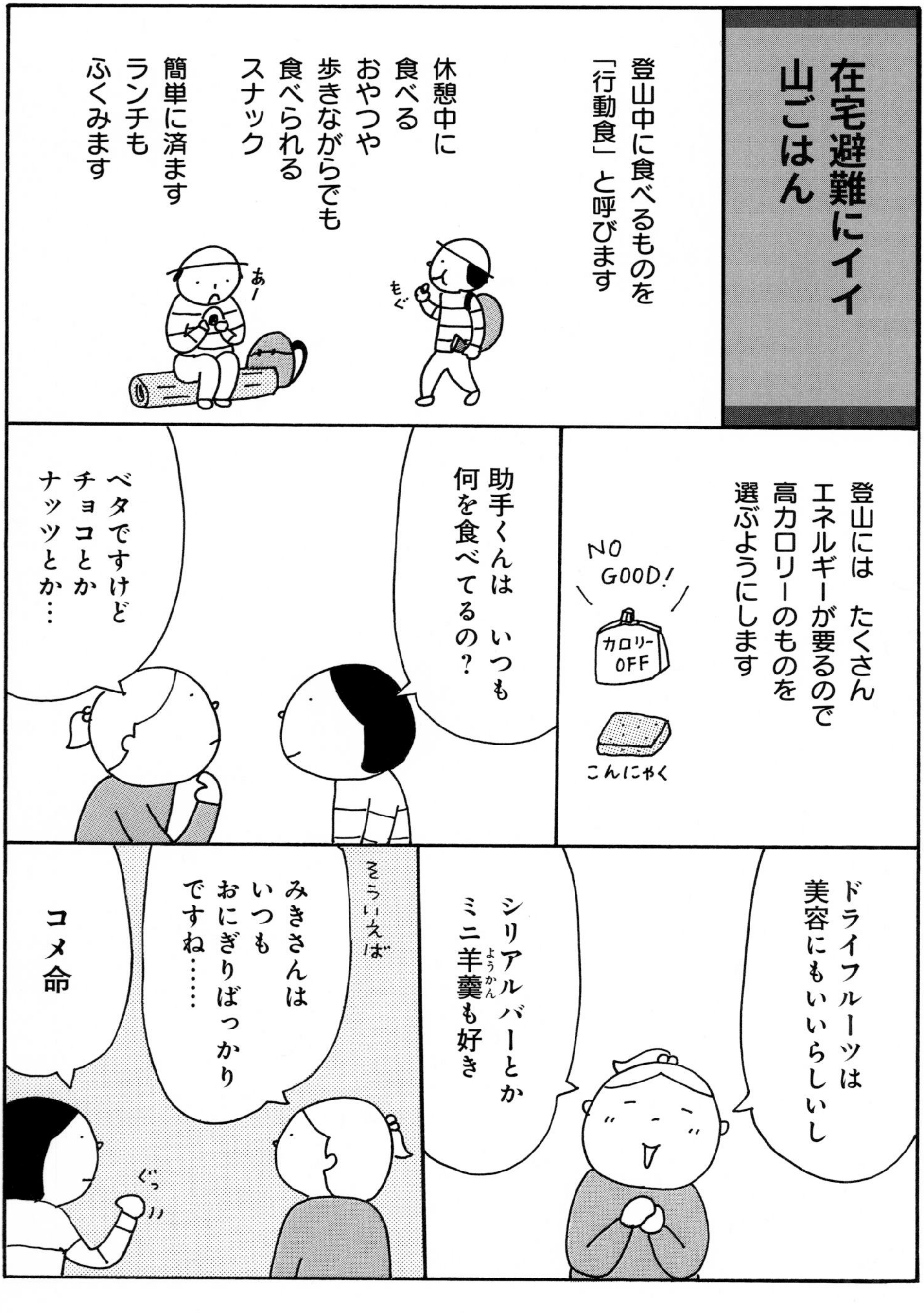
在宅避難にイイ山ごはん
登山中に食べるものを「行動食」と呼びます
休憩中に食べるおやつや歩きながらでも食べられるスナック
簡単に済ますランチもふくみます
もぐ
あ！
登山にはたくさんエネルギーが要るので高カロリーのものを選ぶようにします
NO GOOD!
カロリーOFF
こんにゃく
助手くんはいつも何を食べてるの？
ベタですけどチョコとかナッツとか…
ドライフルーツは美容にもいいらしいし
シリアルバーとかミニ羊羹《ようかん》も好き
そういえば
みきさんはいつもおにぎりばっかりですね……
コメ命
ぐっ

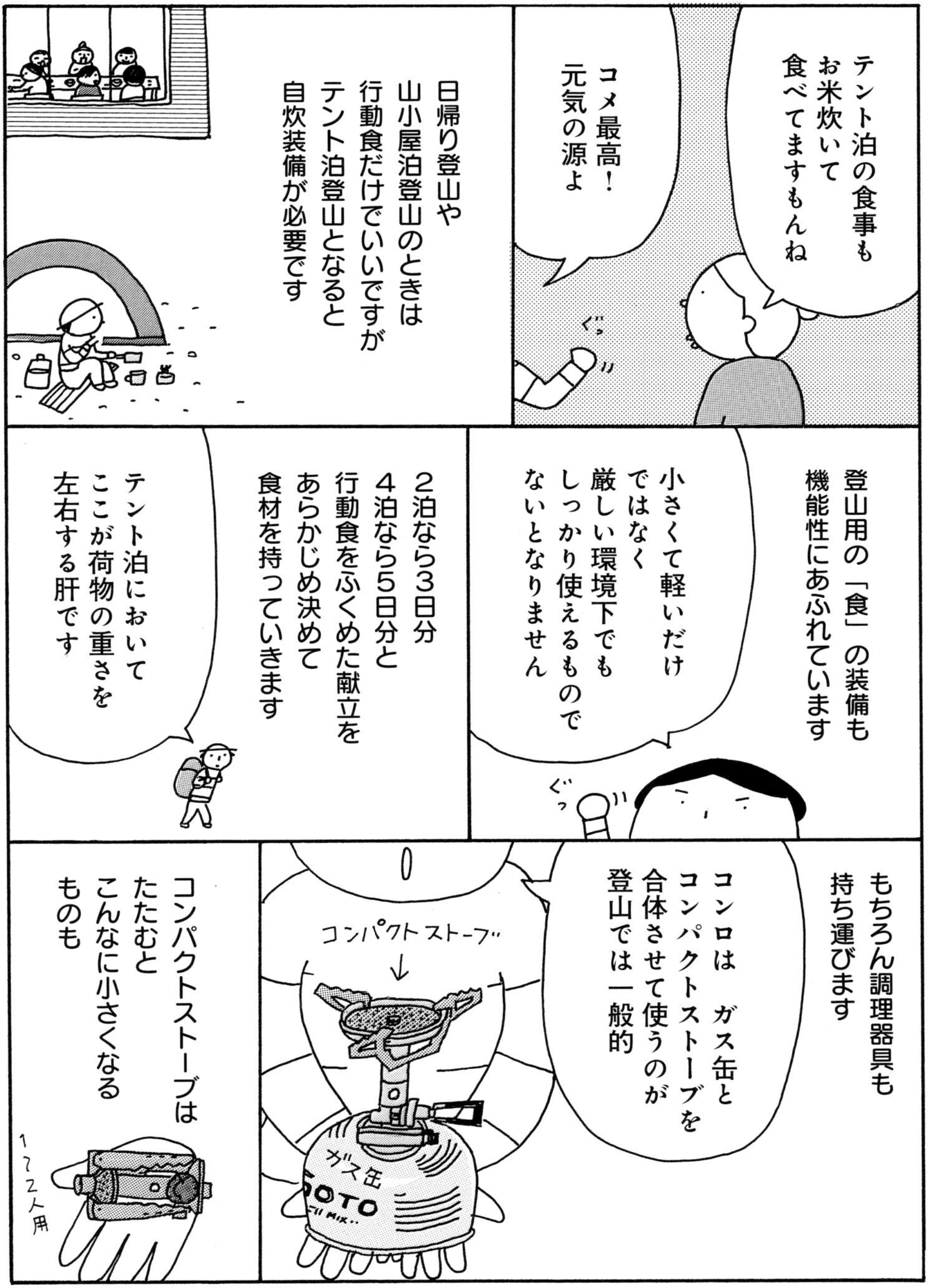
テント泊の食事も
お米炊いて
食べてますもんね
コメ最高！
元気の源よ
ぐっ
日帰り登山や
山小屋泊登山のときは
行動食だけでいいですが
テント泊登山となると
自炊装備が必要です
登山用の「食」の装備も
機能性にあふれています
小さくて軽いだけ
ではなく
厳しい環境下でも
しっかり使えるもので
ないとなりません
ぐっ
2泊なら3日分
4泊なら5日分と
行動食をふくめた献立を
あらかじめ決めて
食材を持っていきます
テント泊において
ここが荷物の重さを
左右する肝です
もちろん調理器具も
持ち運びます
コンロは　ガス缶と
コンパクトストーブを
合体させて使うのが
登山では一般的
コンパクトストーブ
ガス缶
SOTO
コンパクトストーブは
たたむと
こんなに小さくなる
ものも
1〜2人用

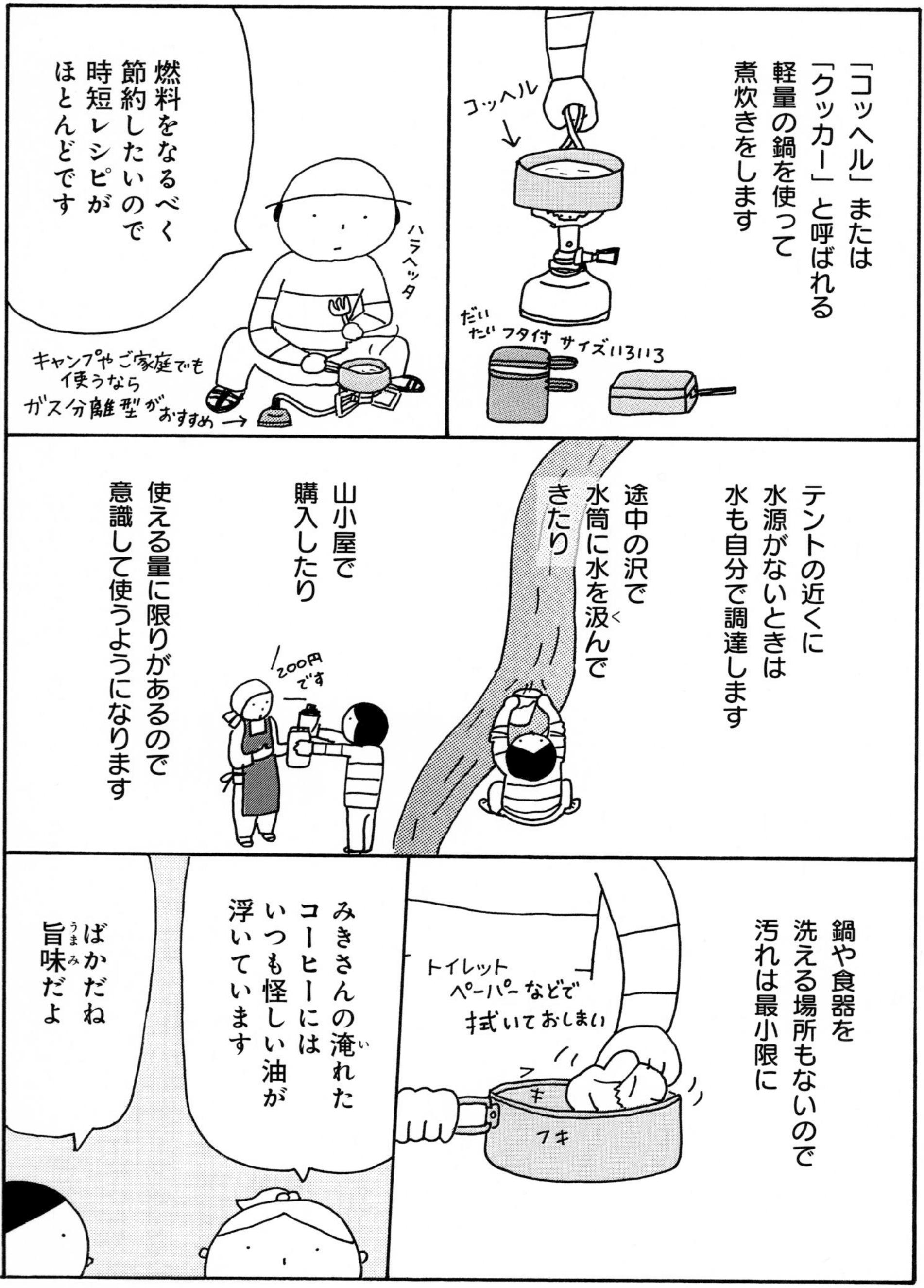
「コッヘル」または「クッカー」と呼ばれる軽量の鍋を使って煮炊きをします
コッヘル
だいたいフタ付 サイズいろいろ
燃料をなるべく節約したいので時短レシピがほとんどです
ハラヘッタ
キャンプやご家庭でも使うならガス分離型がおすすめ
テントの近くに水源がないときは水も自分で調達します
途中の沢で水筒に水を汲《く》んできたり
山小屋で購入したり
200円です
使える量に限りがあるので意識して使うようになります
鍋や食器を洗える場所もないので汚れは最小限に
トイレットペーパーなどで拭いておしまい
フキ
フキ
みきさんの淹《い》れたコーヒーにはいつも怪しい油が浮いています
ばかだね 旨味《うまみ》だよ

燃料や水
そして食糧も
必要量を把握していないと
山のなかでは
困ったことになります
ガス切れ…
カチッ
カチッ
足りないと
死活問題
立てない…
あり過ぎても
重い
（何かが欠けたら
山小屋に泊まろう）
スミマセーン
ガラ
必要量は計算で割りだすこともできますが
個人差が大きいので
経験しながら
適量を探していきます
たとえば水
私の場合は
夕食から翌朝の
朝食までで２ℓ
お米炊いて
レトルトおかず..
私は
日帰り登山の分
だけで２ℓ
汗かきです
そんなに飲むの？
それで足りるの⁉
こんなことを
自分で知っているだけでも
防災の備えに
活用できるのでは
ないでしょうか
もし
1週間同じように
お米を炊いたら…
最低でも..？
もし
動かないなら
2リットルも
いらないか…
じゃあ MAX
で…
家だとカップラーメンに
何cc注ぐかも
意識しませんもんね
カレー味の
カップ麺には
表示より多めに注ぐ派
です
知らんし

1～2泊なら
なんでも好きなように
食べればいいのですが
それ以上になると頭脳戦
重いものを
先に食べて
……
4日めの朝は
気温が低いから…
歩き疲れてくると
作るのも考えるのも
面倒くさくなる…
テント張ったからもう何もしたくない
そんな諸々《もろもろ》を考えると
お湯を沸かすだけで
調理になる
インスタント食品や
レトルト食品に頼るのが
もっとも便利
インスタント麺
ヌードル
袋メン
インスタントスープ
コーン
みそ汁
レトルト食品
カレー
マーボ丼
ミートソース
少々重いが満足感ある
フリーズドライ食品
みそ汁
パスタ
カレー
おじや
軽いけど量が少ない
助手くんでも
味の失敗する
心配なし
ハハハ
みきさんだって
炊飯を失敗するんだから
お湯入れですんじゃう
アルファ米にしたら
いいじゃないですか
ハハハ
アルファ米は
簡単にいうと
急速乾燥させたご飯
長期保存が利き
非常食や災害食として
知られています
袋自体がお皿
白飯
赤飯、五目ごはん、ピラフ などなど

このように
家庭の保存食や
災害用備蓄になる食料が
登山の「食」を支えて
いるのです
常温保存可能な食材は山の友
スーパーで目を光らせてます
登山者は 山でいつも
災害食を作って
食べているような
ものなんだ
山だと
災害食も
「映え」ますねぇ…
避難所には
食料が備蓄されていますが
いつ十分に行き渡るかは
わかりません
一時避難でも
最低2～3日分は
自分で用意していくと
いいのでは
行動食の類いもご一緒に
登山用語に「シャリバテ」
という言葉があります
空腹によるエネルギー切れの
ことです 回避するためには
こまめに食べる習慣が大事
お手本はリス食い
つらい登山でも
食べると
癒やされますもんね
うん
うん
食の備えがあれば
腹の憂いなし……か
やっと響いてくれた
みたいだね
おなかに～
ぐぅ

防災にも生きる登山の「食」goods
コッヘル
フタも鍋や皿に
取っ手がたためる
軽量なアルミやチタン製のもの
コンパクトストーブ（ヘッド）
合体
ガス（LPG）カートリッジ
携帯コンロ
マトリョーシカ式に収納できるのが気持ちいい
フタ
ストーブ
ガス
鍋
スッキリ
コッヘルとストーブ一体型も人気
ガス
保温ポット
水筒
カップ
袋状の水筒は自炊のとき便利
日帰りでも最低1Lは持つ
軽量なカトラリー
ジッパー付保存袋
液体や臭いがザックにもれないようゴミ袋として使う
ゴミ
調理を楽しむなら
折りたたみナイフ
小分け調味料ハーブ・スパイス
シリコンなどヘラ
炒めたりよそったり
カッティングボード
超小型・薄くていいのであると便利
（コッヘルに合わせて切るとマトリョーシカの仲間に）
ライター
ストーブの着火がうまくいかないときのために
日帰り登山でもお湯が沸かせるだけで楽しみが広がる！
お好みの豆でコーヒーブレイク
コンパクトミルで挽きたても！
軽量のやかんもある
ワイヤーのドリッパーならかさばらない
野だてタイム
アウトドア用の軽量コンパクトなセットもある
カップラーメンタイム
ハフハフ
山で食べるカップラーメンてなんであんなにおいしいの？

家具や家電を登山に置き換えると？
台所は「食」にふくめて説明しましたが「住」は家にあるそのほかの設備テント泊登山で必要になるものです
まずは家そのもの「テント」です
登山用テントの特徴は軽いのに風に強い構造です
1～2人用
1人用
グループ用の大きいサイズもありますが1～2人用くらいが多く使われています
キャンプ用は大きなものが多く天井が高くて出入りしやすいです
キャンギャル助手くんメモ
登山用は小さいうえに部品が少なく短時間で立てられる構造になっているよ
雨の日も風の日もあるからね
1～2人用のテントは1～2kgほどと軽量
フライシート・テント本体
30cm前後
テントポール・ペグ
40cm前後
収納するとラグビーボールと同じくらいでしょうか

テントのなかでは
敷布団代わりのマットを敷いて
その上に
寝袋に入って眠ります
寝袋
(シュラフ)
マット
地面からの
冷えを防ぐ
一般的に 寝袋の中身は
化繊や木綿の綿が
詰まっていますが
登山用の主流は羽毛です
キャンギャル
助手くんメモ
軽くて
暖かいからね
羽毛布団
ですから
!
高価ではあるけれど
コンパクトに
収納できるのも魅力
キャンパーにも
ダウンシュラフが
増えてますよ
アウトドアで
暖かいのは正義!
キャンプ場も
冷えます
から!
で「住」って
ほかになにか
ありましたっけ?
キャンプなら
テーブルや
イスなんかも
入り用ですけど……
テレビじゃないし
冷蔵庫も違うし…
庭?
…いちばん不要か

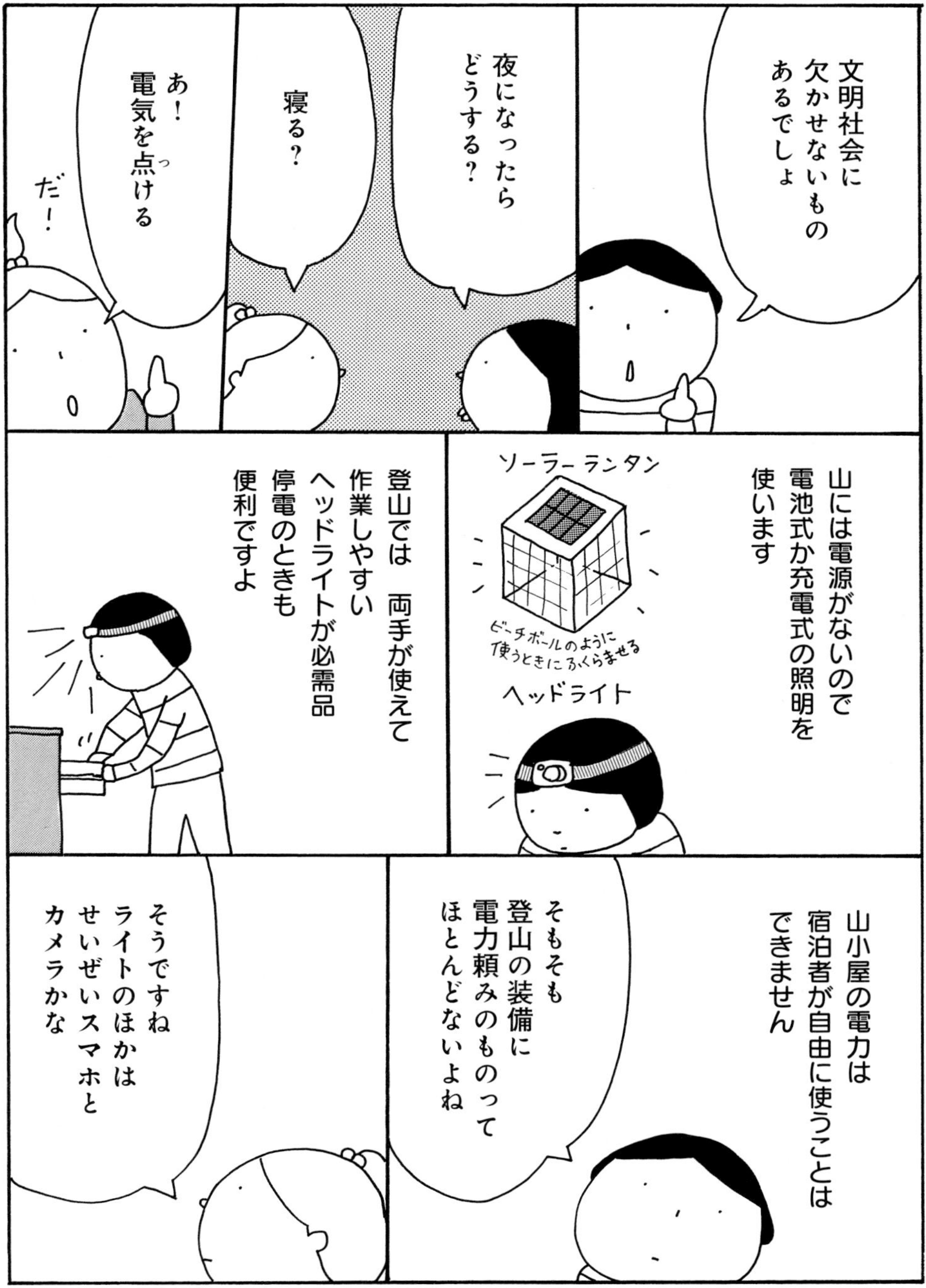
文明社会に欠かせないものあるでしょ
夜になったらどうする？
寝る？
あ！電気を点《つ》ける
だ！
山には電源がないので電池式か充電式の照明を使います
ソーラーランタン
ビーチボールのように使うときにふくらませる
ヘッドライト
登山では　両手が使えて作業しやすいヘッドライトが必需品停電のときも便利ですよ
山小屋の電力は宿泊者が自由に使うことはできません
そもそも登山の装備に電力頼みのものってほとんどないよね
そうですねライトのほかはせいぜいスマホとカメラかな

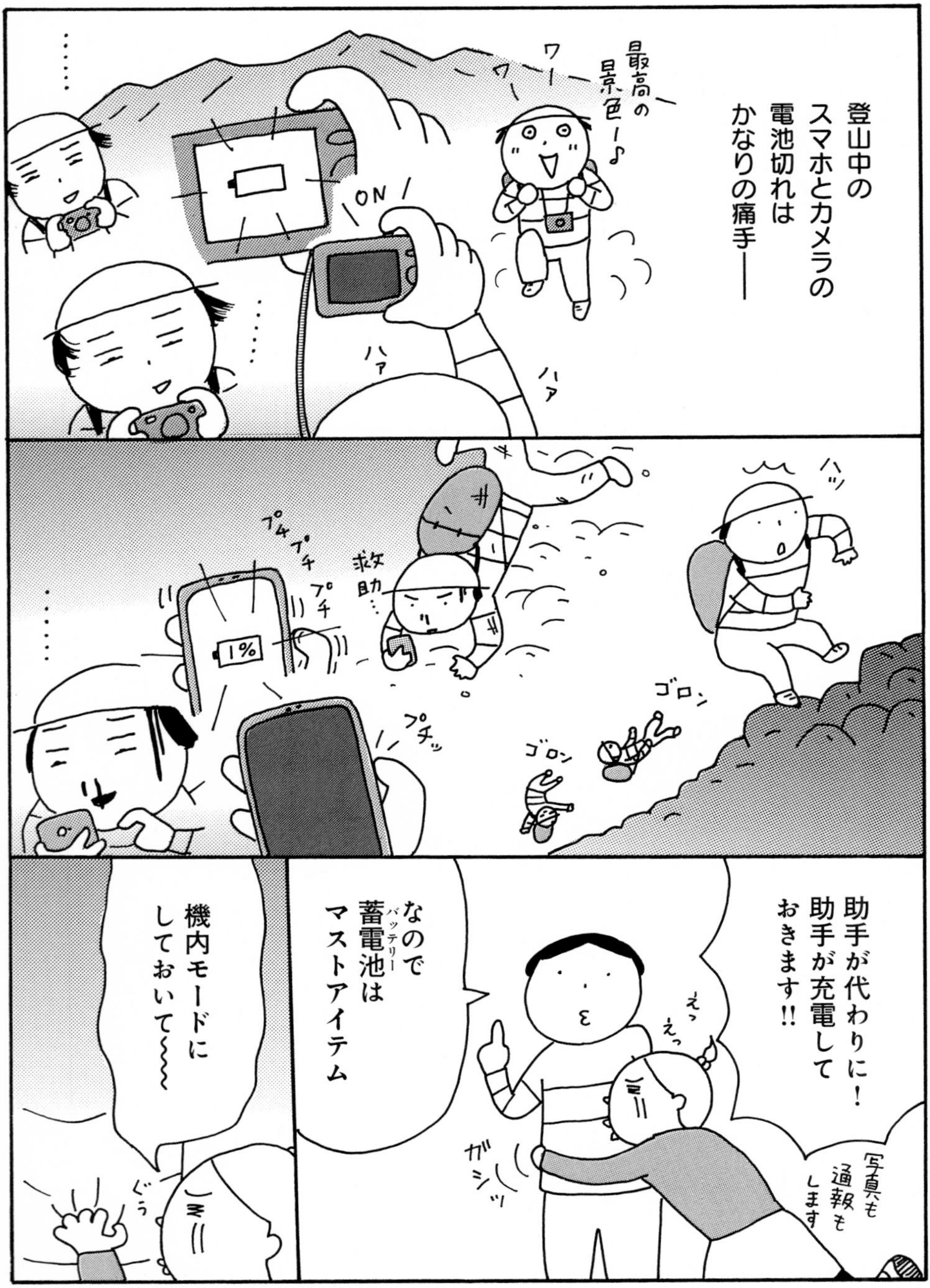
登山中の
スマホとカメラの
電池切れは
かなりの痛手――
最高の景色―！♪
ワーワー
ON
……
……
ハア
ハア
ハッ
救助…
プチプチ
プチ
1%
……
プチッ
ゴロン
ゴロン
助手が代わりに！
助手が充電して
おきます!!
写真も通報もします
えっ
えっ
ガシッ
なので
蓄電池《バッテリー》は
マストアイテム
機内モードに
しておいて〜〜
ぐぅ

あと 住まいにほしいもの ホラ 忘れてない？
助手くんの 物件探しの条件 言ってみて
築浅 駅近 バス・トイレ別…
オートロックに ウォークインクローゼット…
それです
ちがうよ
駅近？
お風呂は 山小屋の 立地によってはありますが 9割がたありません
サイコーかよ
温泉が湧いてる山小屋もある
そこで 登山者が どうしているかというと
助手は デオドラントシートを 持っていきます
私も 気が向いたら 拭いています
拭いておわり です
気が？ 向いたらね

もし　お風呂や洗面所があっても山の環境のため洗剤や石鹸《せっけん》は使えません
メイク落としシート
あ
濡らした手ぬぐい
意外かもしれませんが拭くだけで雲泥の差スッキリします
頭皮もおすすめ
気が向いたらでも
もし災害時に何日もお風呂に入れなくなったとして
それがもし登山を経験する前だったら耐えられなかったかも……
みきさんの最長記録は？
20日間くらいかな
でも涼しかったからね
ん？耐えられない…か…な？
トイレは登山コース上にある山が多いですがトイレがない山　少ない山などどうしようもないときのために持っていくことがあります
持ってく？
「携帯トイレ」って使ったことあるかな？
いわゆる使い捨てトイレだね

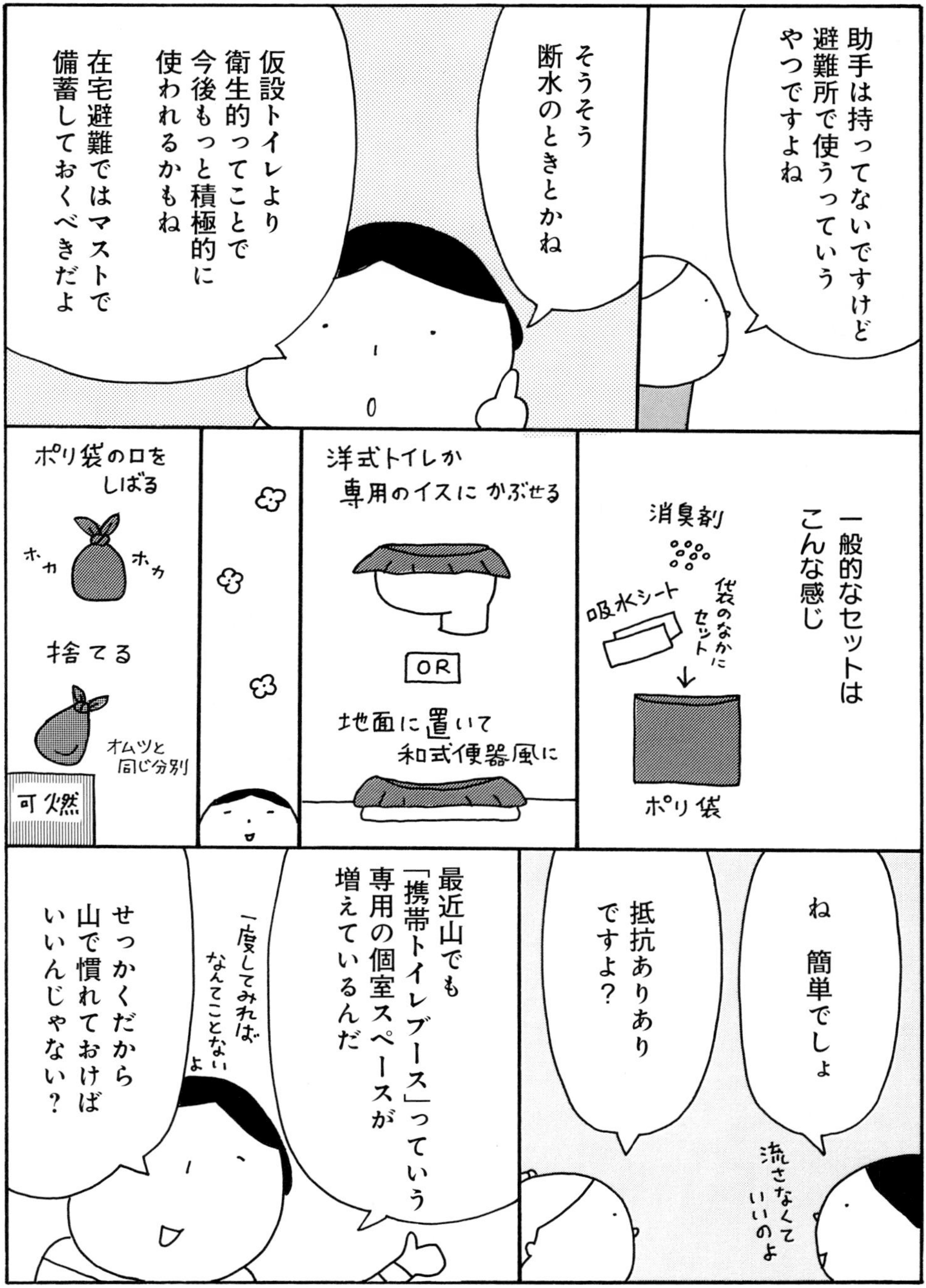
助手は持ってないですけど避難所で使うっていうやつですよね
そうそう断水のときとかね
仮設トイレより衛生的ってことで今後もっと積極的に使われるかもね
在宅避難ではマストで備蓄しておくべきだよ
一般的なセットはこんな感じ
消臭剤
吸水シート
袋のなかにセット
ポリ袋
洋式トイレか専用のイスにかぶせる
OR
地面に置いて和式便器風に
ポリ袋の口をしばる
ホカ
ホカ
捨てる
オムツと同じ分別
可燃
ね 簡単でしょ
流さなくていいのよ
抵抗ありありですよ？
最近山でも「携帯トイレブース」っていう専用の個室スペースが増えているんだ
一度してみればなんてことないよ
せっかくだから山で慣れておけばいいんじゃない？

防災にも生きる登山の「住」goods
テント
登山用のテントはキャンプ用に比べて小さくて軽量
避難にも使うなら室内でも張れる「自立式テント」を選ぶといい
サンダル
テントの出入りに便利
インナーシーツ
寝袋のなかに入れて使う
シルク、ナイロンなど軽くて肌触りのよい素材で安眠サポート
山小屋や避難所の共有寝具に抵抗がある人におすすめ
寝袋（シュラフ）
3シーズン（春～秋）用、マミー型が登山の主流
ミイラ型ね
マット
空気を入れてふくらます
エアマットは収納時に小さくなる利点が、対して厚いヨガマットみたいなウレタンマットはかさばるがあたたかい
ソーラーランタン
ソーラーパネル
ビーチボールのように空気を入れて使用
空気を抜くと→ぺったんこ
モバイルバッテリー
山は気温が低く電池の消耗が早いので日帰りでも持っていこう。10,000mAhあるとスマホ2～3回充電できる
文庫本
ひまつぶしに♪
トイレットペーパー
お尻もお皿も拭ける万能な優れもの（?）
ウェットシート
WET
お風呂、洗面代わりに。必要ならメイク落としシートも用意しよう
携帯トイレ
ポータブルトイレ
登山用もあるが非常用のものでもOK
携帯トイレブースがある山には登山口に回収箱があることが多い
手作りもできるヨ
耳栓
山小屋泊でもテント泊でもイビキはどこからともなく聞こえてくる…
基礎化粧品など
旅行用と同じく小分けにして数日分を。日焼け止め対策もぬかりなく。虫よけもあると助かることが多い
① 丈夫で透けないポリ袋
黒色がベター
20～30L
② 吸水シート
通販で購入できる
③ ジッパー付密閉袋
Z…
Lサイズ
①に②を入れて用を足す。①を縛って③に入れる
在宅避難用にも是非備えておこう

山登りに必要な「歩」のスキル
「歩」は 山を歩くときに必要な装備です
ここ どこ？
まず大切なのが「地図」整備された登山道があっても必需品です
自分がどこにいて どこへ向かうのか それを地図上でわかることが大事です
えっと～
在宅 外出にかかわらず 災害はやってくるので スマホの地図でも ちゃんと見られるように 慣れておくといいでしょう
ここ どこ？
被害想定や避難所を示した「ハザードマップ」※をご存じでしょうか
東京都 洪水ハザードマップ
保存版 札幌市 地震防災マップ
これも地図 登山で地図を見るのに 慣れていると 地形や地質まで 見えてきます
不謹慎にも 地図が大きくて わくわくしてしまう

※ハザード……潜在的危険性のこと。日本ではもっぱら「危険」の意で使われます。

うわっ　助手は
地図が苦手だから
見てなかった
どこに
逃げればいいかも
知らない……
登山でも同じだけれど
あらかじめ避難する道を
決めておかないと
避難のさなかに
迷子になってる
ヒマはないぞ
荷物背負って逃げるなら
ストックがあったほうが
いいかな？
「ストック」は登山用の杖《つえ》
足場の悪いところを
歩くときに　バランスを
とるために使います
必需品ではないけど
外が瓦礫状態だったり
水がきていたら
有効かもしれないね
ただし　両手を
ふさがれないよう
1本だけかな
歩く先が
見えない
ときに
よさそう
何かと戦うことも
ありそうですもんね
どんな災害の予定？

まぁ　何かと
危険が多いのは
確かだろうから
救急セットも忘れずに
持っていきなさいよ
トオッ
登山では自分のためだけでなく
仲間やほかの登山者のためにも
救急セットを忍ばせていきます
包帯
テーピングテープ
ばんそうこう類
エマージェンシーシート
阪神・淡路大震災のときに
亡くなった方の大半は
倒壊してきた建物の下敷きに
なったのが原因でした
救助された方の
ほとんどが
近所の人たちの手による
ものだったそうです
救助隊や
消防隊が
間に合わない
ため
震災後のアンケートで
欲しかったものの上位には
「バール」「ジャッキ」
「ノコギリ」という回答が
挙がりました
登山者の誰もが持っている
装備ではありませんが
そんなときに役立ちそうな
ヘビーデューティーな
アイテムもあります
スノーソー
固い雪を切り出すノコギリ
ピッケル
雪や氷に突き刺す杖
ヘルメット
岩壁をよじ登る吊りハシゴ
スノーショベル
雪を掘る
消防士さんのように懸垂下降もできるロープとハーネスと下降器
カラビナ
ほぼ捜索隊…

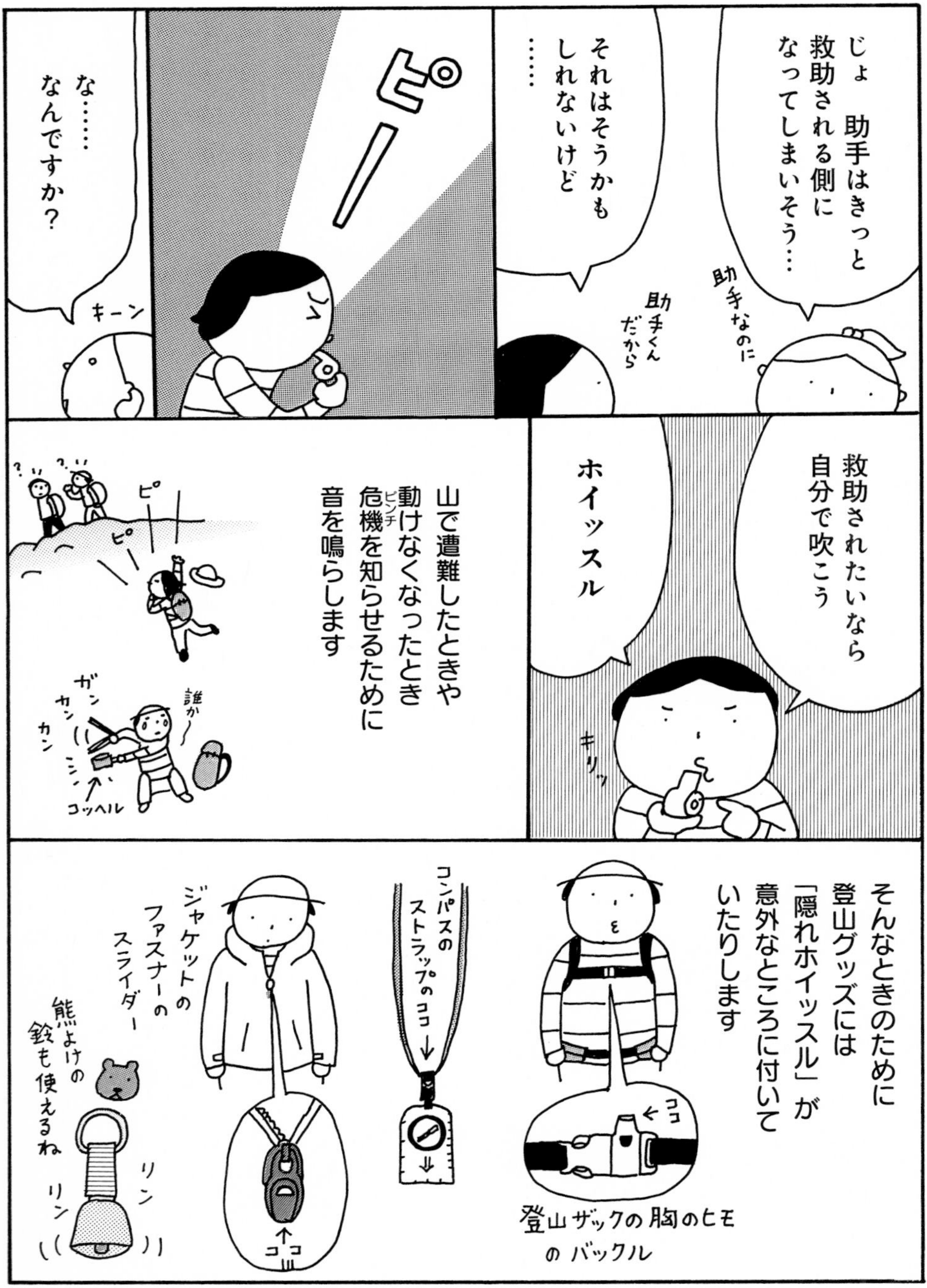
じょ　助手はきっと救助される側になってしまいそう…
助手なのに
それはそうかもしれないけど……
助手くんだから
ピー
な……なんですか？
キーン
救助されたいなら自分で吹こう
ホイッスル
キリッ
山で遭難したときや動けなくなったとき危機《ピンチ》を知らせるために音を鳴らします
ピ
ピ
ガン
カン
カン
誰か〜
コッヘル
そんなときのために登山グッズには「隠れホイッスル」が意外なところに付いていたりします
ココ
登山ザックの胸のヒモのバックル
コンパスのストラップのココ
ジャケットのファスナーのスライダー
ココ
熊よけの鈴も使えるね
リン
リン

やはり
知らなかったか…
ホントだ…
こうしてみると
「歩」の装備は
遭難対策品が多いのが
わかります
ピー
「住」で登場した
ヘッドライトも
メインは「歩」の装備
泊まりの登山だけ
でなく 日帰りの
ハイキング程度でも
必ず持たないと
いけません
暗くなる前に
行動を終えるのが
登山の鉄則ですが
計画が崩れてしまうことは
珍しくありません
ここまでに登場した
さまざまな装備も
紹介しきれなかった小物も
結局は
「万が一」を想定しています
万が一
寒くなったら…
万が一
雨が降ったら…
万が一
おなかが減ったら…
万が一
道に迷ったら…
ヨロ
ヨロ

装備を何のために整えるかといえば
万が一死ぬといけないから
だから持っていこ！
非常持出袋の装備も同じ
命をつなぐ装備です
非常持出袋
登山装備は防災グッズ《グッズ》のハイスペック版といってもいいのでは！
しかしそんな装備が数あれど登山ザックに入らない大事な装備があります
それは体力！
そして気力！
ドワー
いくら物質的な装備が揃っていたところでこれらがないと危険なことがあります
なんで私はこんなことを〜〜〜
もしかすると登山をはじめてしばらくは苦しい思い出のほうが勝るかもしれません

でも　登山のいいところは
誰かとの競争ではなく
マイペースでいいところ
続けていくうちに
着実に体力も気力も
ついてくるところです
前よりも　体が
ラクに登れるように
なったな〜
やれば
できるな〜
ないならないで
それに合わせたコースを
選べばよく
きょうは
ダメだあ〜
やめたっ
帰ろ！
途中で引き返しても
いいのです
しかし災害時に
そうはいきませんよね
きょうは
ムリだあ〜
やめるっ
ただちに
避難してください
災害ってほんとうに
消耗するなって
思うんです
だから
体力と気力の底上げを
しておくのも
防災の1つではないかしら
山を歩くと
足腰と精神力が
勝手に
鍛えられちゃうの
わっせ、わっせ
フットワークも
軽くなるよ

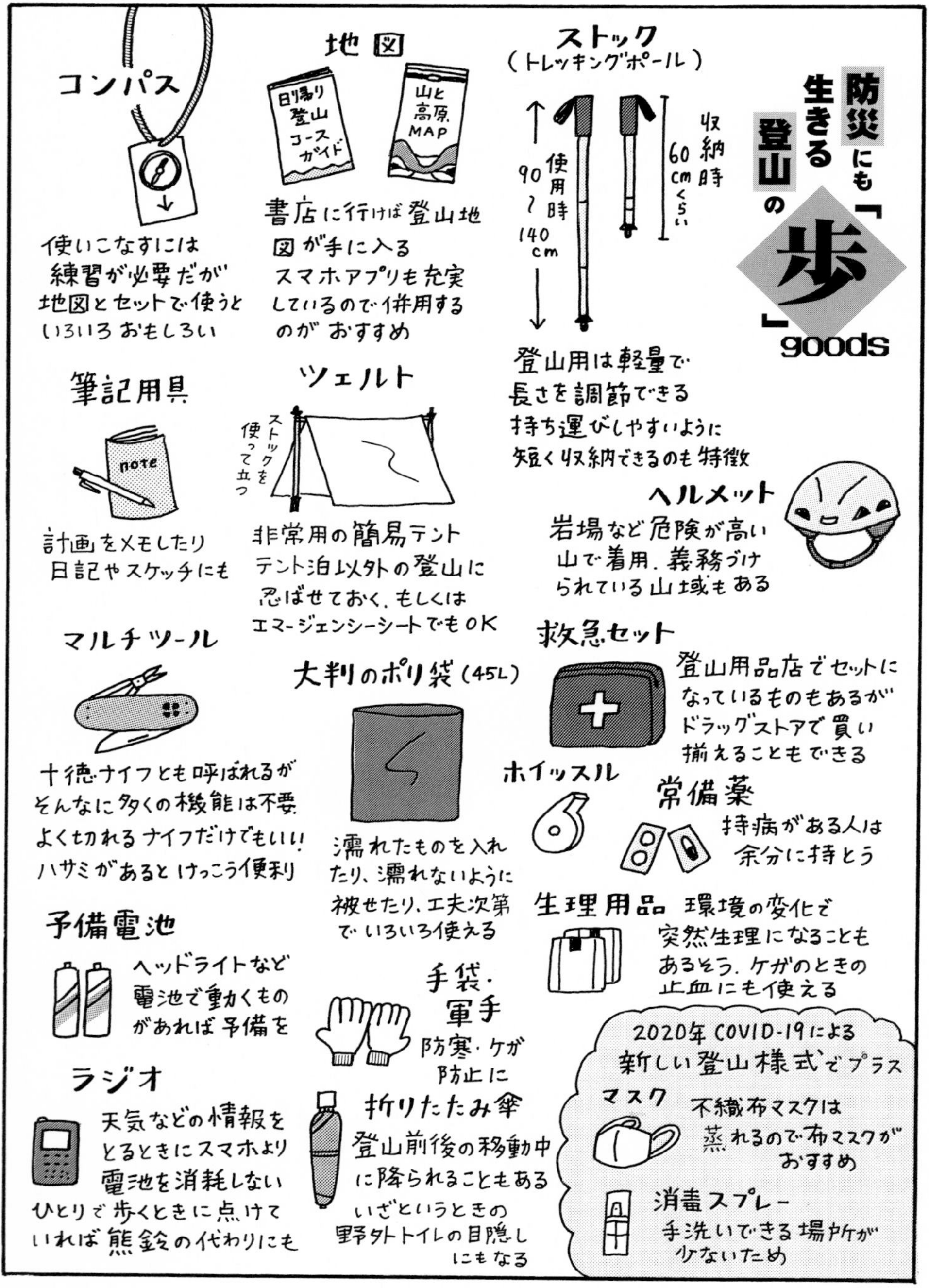

防災にも生きる登山の「歩」goods
コンパス
使いこなすには練習が必要だが地図とセットで使うといろいろおもしろい
地図
日帰り登山コースガイド
山と高原MAP
書店に行けば登山地図が手に入る スマホアプリも充実しているので併用するのがおすすめ
ストック（トレッキングポール）
使用時 90〜140cm
収納時 60cmくらい
登山用は軽量で長さを調節できる 持ち運びしやすいように短く収納できるのも特徴
筆記用具
NOTE
計画をメモしたり日記やスケッチにも
ツェルト
ストックを使って立つ
非常用の簡易テント テント泊以外の登山に忍ばせておく。もしくはエマージェンシーシートでもOK
ヘルメット
岩場など危険が高い山で着用。義務づけられている山域もある
マルチツール
十徳ナイフとも呼ばれるがそんなに多くの機能は不要 よく切れるナイフだけでもいい! ハサミがあるとけっこう便利
大判のポリ袋（45L）
濡れたものを入れたり、濡れないように被せたり、工夫次第でいろいろ使える
救急セット
登山用品店でセットになっているものもあるがドラッグストアで買い揃えることもできる
ホイッスル
常備薬
持病がある人は余分に持とう
生理用品
環境の変化で突然生理になることもあるそう。ケガのときの止血にも使える
予備電池
ヘッドライトなど電池で動くものがあれば予備を
手袋・軍手
防寒・ケガ防止に
ラジオ
天気などの情報をとるときにスマホより電池を消耗しない
ひとりで歩くときに点けていれば熊鈴の代わりにも
折りたたみ傘
登山前後の移動中に降られることもある
いざというときの野外トイレの目隠しにもなる
2020年COVID-19による新しい登山様式でプラス
マスク
不織布マスクは蒸れるので布マスクがおすすめ
消毒スプレー
手洗いできる場所が少ないため

column 2　緊急時に活躍！　簡単・ポリ袋炊飯

お米が大好きな私。山でもコッヘルでお米を炊いていましたが、同じようにやっても3回に1回くらいはうまく炊けませんでした。でも、このポリ袋炊飯にしてからは、失敗なし！　災害食クッキングとして紹介されることが多いですが、登山でも定番になればいいのに。考案した人は天才！

ポリ袋炊飯の利点は、鍋を汚さないこと。それから同じ鍋で複数の調理が可能なこと。コッヘル炊飯ほど火加減にコツがいったり、１つのコッヘルを使い回しての調理に苦戦することがないです。

手間が少なくて、私のようにずぼらな人にはぴったり。お試しあれ。

① ※耐熱のポリ袋に米と水を入れて30分以上浸水させる

私は　米 1合に対し　水 200ccちょい

炊飯後の食べやすさと持ち運びの利便性を優先してジッパー付フリーザーバッグを使用

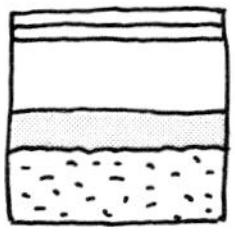

米は洗えない前提で無洗米がベター

浸水させている水はこのまま炊飯に使うので、その分気持ち多めに入れます。

スズキ ポイント　登山のときは米をあらかじめ1回分ずつポリ袋に小分けにして持つ。水はテントを張る前に（むしろ道中で）入れてできるだけ浸水時間を長くするのが成功のカギ

② 浸水させた米入りポリ袋を二重にする

浸水中のポリ袋

空気を抜くように密閉

→

耐熱のポリ袋で二重にする

ポリ袋が熱で溶けて破れることがあるので二重にしておきましょう

外側は※アイラップ®がおすすめです（内側もアイラップにするのももちろんOK！）

→

くるくるとねじって
空気を
抜きつつ

→

コンパクトに短くしばる
むぎゅ

③ 鍋《コッヘル》にポリ袋ごと入れてから水を注いで弱～中火で点火

なるべく水位から出てる袋が鍋から出ないように

標高が高かったり気温が低く沸騰しにくければフタをしよう

水は米の高さまで入れればOKです（少なくなったら足してください）。

沸騰してからポリ袋を入れても炊けますが、水からジワジワ温めていくほうがうまく炊ける気がします（スズキ調べ）

スズキ ポイント　温め用の水をのちほどスープなどに使う場合は飲料可の水を使いますが、災害時で水が貴重であれば海水などでも利用できますね。

スズキ ポイント　ポリ袋を溶かさないためにも強火にはしないこと。

鍋底のサイズに合わせて重なるように

鍋底がいちばん熱くなるので念には念を入れて、割り箸や小枝を折って鍋底に敷くとより安心です。（山で炊飯を失敗すると惨憺りです…）

スズキ ポイント　自宅ならお皿やステンレスのザルなどを敷くといいです。万が一、破けてしまったら焦らずに普通の鍋炊飯に切り替えましょう

※ポリ袋調理に使えるのは、高密度ポリエステル製の耐熱性のもの。水の沸点は１００度なので、耐熱温度１００度以上の表示があるものが無難。

※アイラップは、岩谷マテリアル（株）が製造している用途が広いポリ袋。熱湯での温めに使えます。

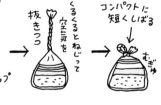

④ 沸騰したら、弱〜中火でクツクツを維持して15分炊く

お米がふくらんできてかわいいよー
袋もふくらんでくるので目を離さないように

標高が高い山だと沸点が低くなるので15分たってポリ袋のなかの水分が多く残っていたらなくなるまで延長してください

スズキポイント♡
私は炊きムラがないように3〜5分で1度ポリ袋を取り出して転がすように米を動かしてみてますよ.
やけど厳重注意.

⑤ 火を止めて鍋からポリ袋を取り出し、5分くらい蒸らして完成！

ホカ〜♪

口を折り返してこのまま器にも

アイラップ®の場合は別皿にのせると食べやすく皿も汚しません

レトルトカレー

蒸らしている間（もしくは炊飯途中）に同じ鍋でレトルトおかずを温めて、残ったお湯でインスタントスープを作れば定食のできあがり

スズキポイント♡
残ったごはんは同じ要領で温め直せます.
また、ポリ袋にお湯と調味料を入れてから温め直し、おじやにするのもアイデアです

ポリ袋炊飯のメニューバリエーション

アイデア∞無限大

いろいろ入れて炊いてみてね

調味料・具材は浸水時に入れ、水の量を調整

Ⓐ 炊き込みごはんの素を入れて炊く

1合用
五目炊き込みごはん

釜めしの素もあるよ

1合用なんていう便利なものあり！

失敗なしのおいしさ！

Ⓑ ケチャップ、コンソメを入れて炊く

同じ鍋で卵をゆでれば

おくちのなかではオムライス♡

ヤマ

Ⓒ サバみそ缶などを入れて炊く

味が濃いめの缶詰がいいよ

ボリュームたっぷり！

Ⓓ 乾燥野菜とカレールー（フレーク）を入れて炊く

持ち運ぶときからセットしてもOK

お好みでスパイスも♡

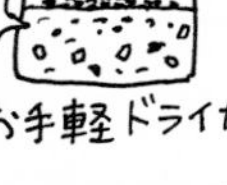

お手軽ドライカレー

Ⓔ 干し椎茸、昆布、ワカメ高野豆腐などの乾物を入れて炊く

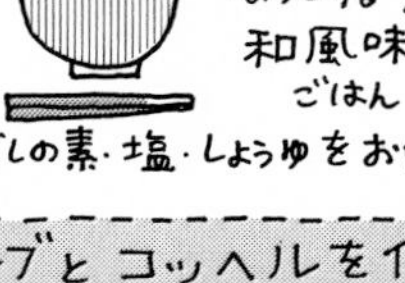

ほっとする和風味ごはん

うまみ

だしの素・塩・しょうゆをお好みで

スズキポイント♡
登山には生ものを持っていきにくいですが同じやり方で生の具材と調味料をポリ袋に入れて、カレーや肉じゃがなども作れるそうですよ
自宅でお試しあれ！

やけどに注意
コンパクトストーブとコッヘルを使うときはとくに、不安定なのでひとつひとつ工程を移すときに必ず火を止め、コッヘルをストーブから下ろして慎重に行ってください!!

第3章　ホントの防災のこと

知っておこう 避難する場所のこと
まだ実際に一度も避難したことがないからちゃんとできるかな…
助手くんは「避難所」と「避難場所」があるの知ってる？
なっ！
ちがうんですか？
避難所
誰もがイメージできるであろう「避難生活」をする場所
小中学校や公民館など公共施設が多い
被災した人や被災する可能性がある人が一定の期間生活をするところだよ
ま、室内に避難できるところだよね
避難場所
取り急ぎ身を守るために避難する場所

そのなかにも
「一時《いっとき》避難場所」と
「広域避難場所」がありますが
これはおもに面積の差です
一時避難場所
地域の集合場所的な
小さめの公園や
グラウンド
神社など
広域避難場所
地域全体が危険になったら
複数の一時避難場所を
吸収合併して
集められるくらいの
広い公園や大学など
じゃあ まず「避難場所」に逃げてから「避難所」に移るって感じですか？
どっちが先でもいいんだけど「まずは最寄りの安全なところへ」って考え方だね
「避難所」と「避難場所」を兼ねていることも多いよ
あと 災害によって避難場所が変わるから要注意だよ
なっ
たとえば津波がくる可能性があるなら海に近い避難場所より山や高台のほうが安全だよね

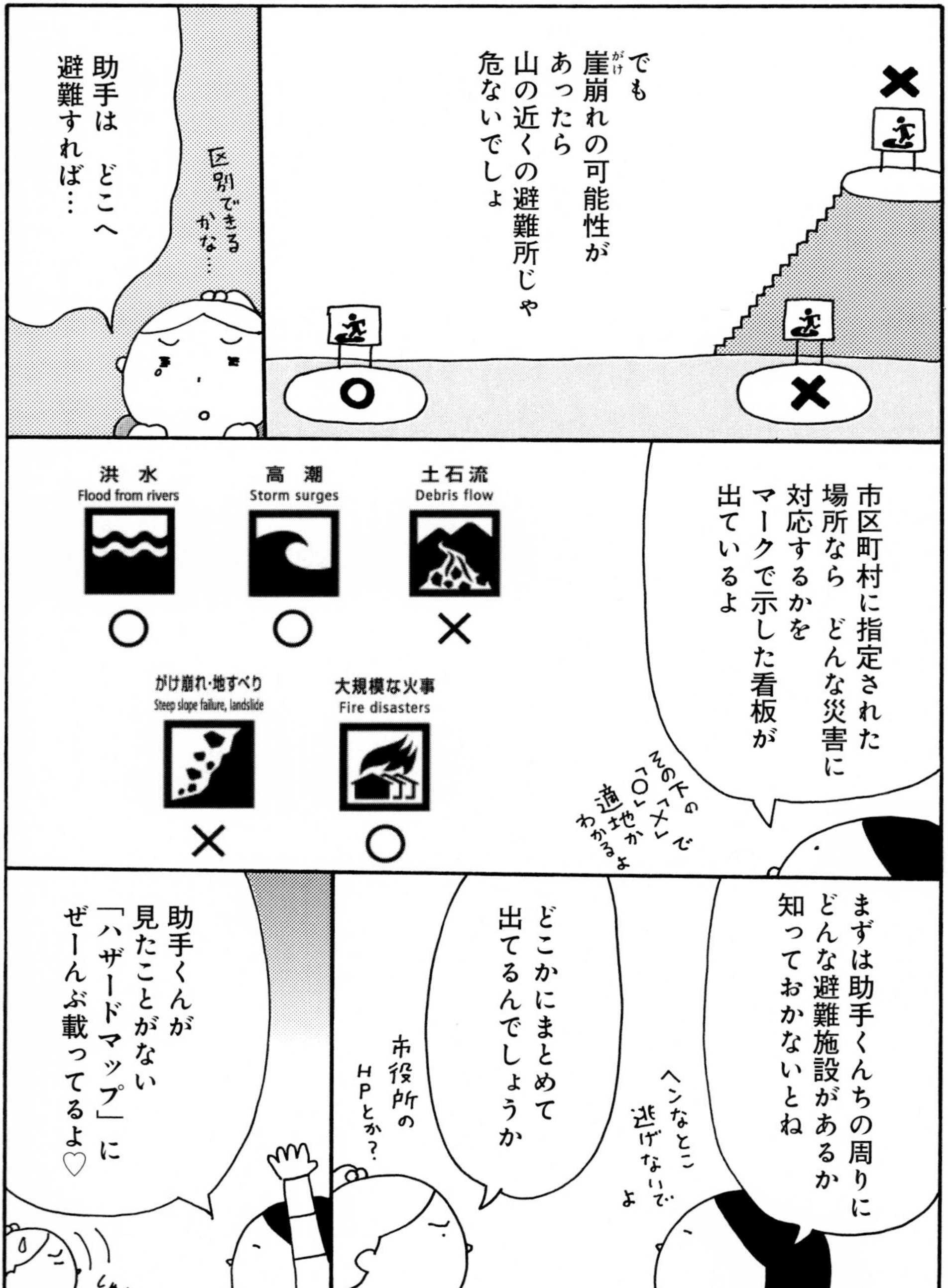
でも
崖《がけ》崩れの可能性が
あったら
山の近くの避難所じゃ
危ないでしょ
助手は　どこへ
避難すれば…
区別できるかな…
市区町村に指定された
場所なら　どんな災害に
対応するかを
マークで示した看板が
出ているよ
洪水
Flood from rivers
高潮
Storm surges
土石流
Debris flow
がけ崩れ・地すべり
Steep slope failure, landslide
大規模な火事
Fire disasters
その下の「○」「×」で
適地かわかるよ
まずは助手くんちの周りに
どんな避難施設があるか
知っておかないとね
ヘンなとこ逃げないでよ
どこかにまとめて
出てるんでしょうか
市役所のHPとか？
助手くんが
見たことがない
「ハザードマップ」に
ぜーんぶ載ってるよ♡
しゅん

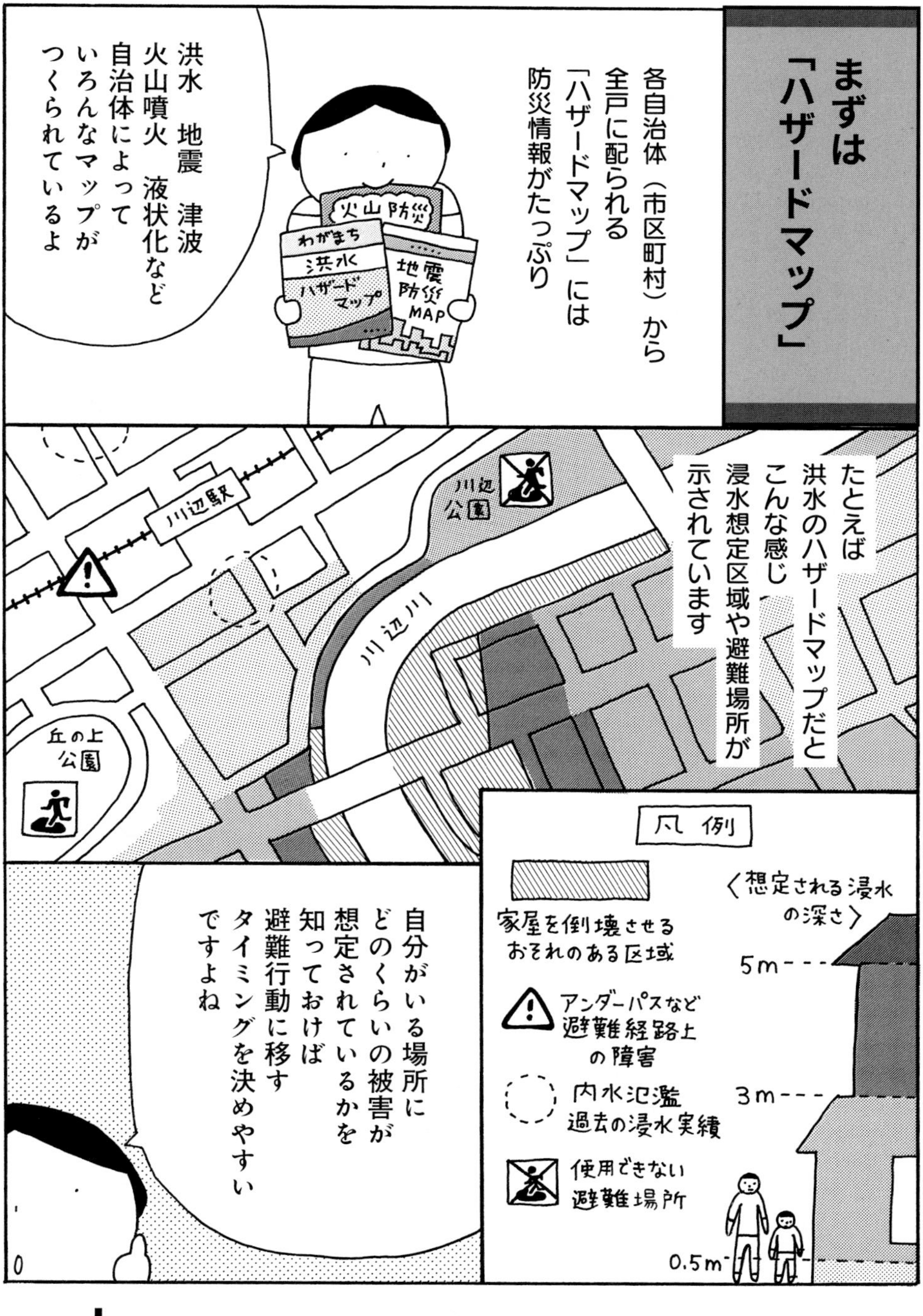

まずは「ハザードマップ」
各自治体（市区町村）から全戸に配られる「ハザードマップ」には防災情報がたっぷり
洪水　地震　津波
火山噴火　液状化など
自治体によって
いろんなマップが
つくられているよ
火山防災
わがまち
洪水
ハザードマップ
地震
防災
MAP
たとえば洪水のハザードマップだとこんな感じ浸水想定区域や避難場所が示されています
川辺公園
川辺駅
川辺川
丘の上公園
凡例
家屋を倒壊させるおそれのある区域
アンダーパスなど避難経路上の障害
内水氾濫
過去の浸水実績
使用できない避難場所
〈想定される浸水の深さ〉
5m
3m
0.5m
自分がいる場所にどのくらいの被害が想定されているかを知っておけば避難行動に移すタイミングを決めやすいですよね

内水氾濫《はんらん》って何ですか？
うちみず？ ないすい？ 初めて聞きました
内水《ないすい》氾濫とは側溝や地下の下水溝の排水が水の流入に追いつかず起こる浸水被害
マンホールが浮いたりするやつ
わー
近年 ゲリラ豪雨が増えたこともあって被害数が急増しているんだって
内部から水があふれることだね
そんなことも想定できてるんですね
でも これは過大評価というか「最悪」の場合ですよね？
ハザードマップは地勢※はもちろん過去の被害記録をもとにつくられていて信頼度はけっこう高いんだ
もちろん こういう被害が毎回起こるわけではないけど「最悪」ではないんだな
残念だけど
「想定外の…」もあるってことか ……これ以上の
みぞおゆう？

※地勢……地形の起伏、海面との位置関係など、土地のありさま。

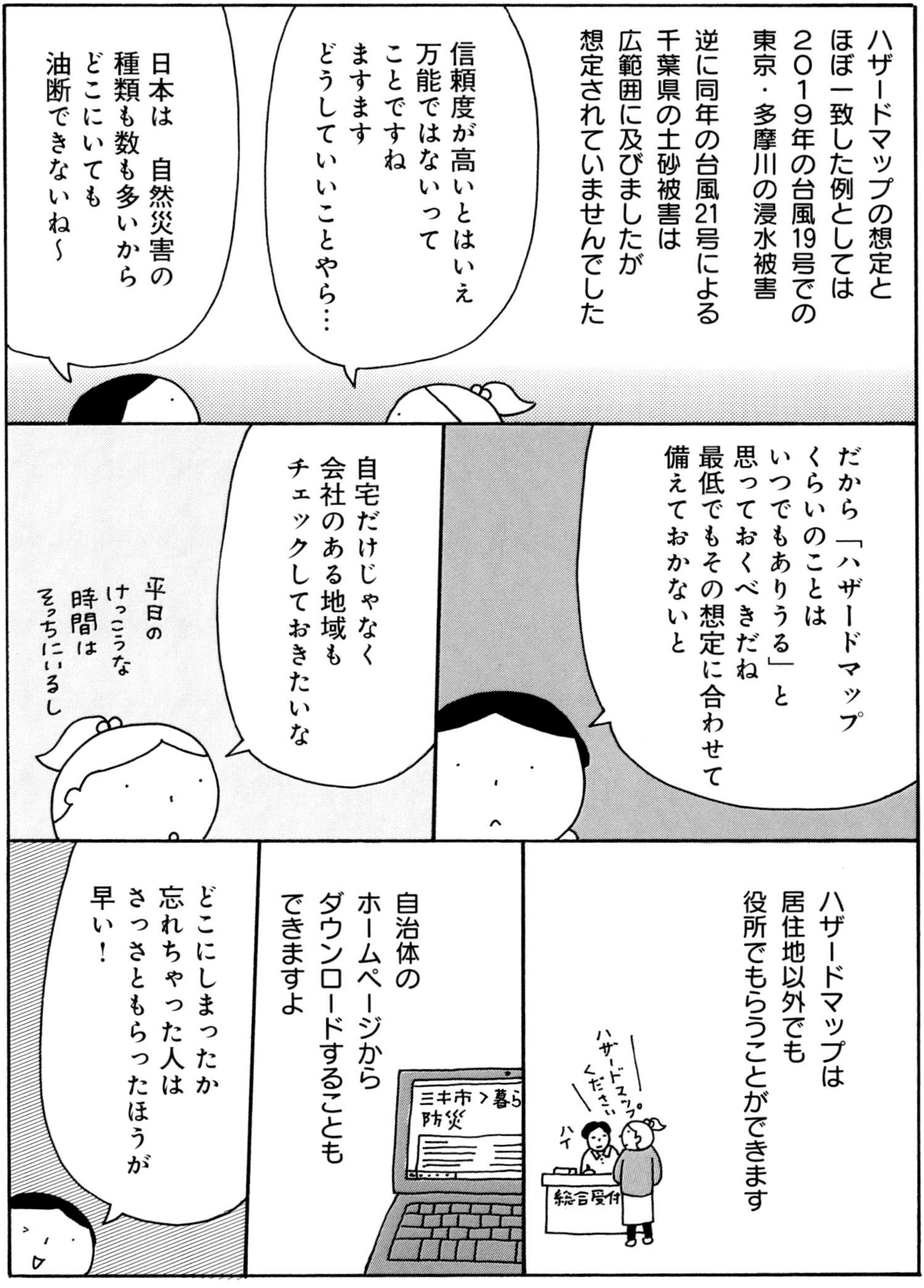
ハザードマップの想定と
ほぼ一致した例としては
２０１９年の台風19号での
東京・多摩川の浸水被害
逆に同年の台風21号による
千葉県の土砂被害は
広範囲に及びましたが
想定されていませんでした
信頼度が高いとはいぇ 万能ではないってことですね ますます どうしていいことやら…
日本は 自然災害の 種類も数も多いから どこにいても 油断できないね～
だから「ハザードマップくらいのことはいつでもありうる」と思っておくべきだね 最低でもその想定に合わせて備えておかないと
自宅だけじゃなく 会社のある地域も チェックしておきたいな
平日の けっこうな 時間は そっちにいるし
ハザードマップは 居住地以外でも 役所でもらうことができます
ハザードマップください
ハイ
総合受付
自治体の ホームページから ダウンロードすることも できますよ
三キ市＞暮ら
防災
どこにしまったか 忘れちゃった人は さっさともらったほうが 早い！

さらに国土交通省ホームページには『ハザードマップポータルサイト』があって日本全国のハザードマップが公開されています
実家 赴任先 下宿先…離れて暮らす家族の居場所も押さえておくといいのでは
地図好き必見!
個人的には引っ越しや家を買う前に見るのもおすすめ
ハザードマップには災害の基礎知識や避難のガイドラインなども掲載されていて為《ため》になります
洪水発生のメカニズム
大雨によって川の水が増え、水かさが上がり始めます
災害が多い地域では住民たちによる手づくりマップがより情報が細かいと好評だそうですよ
3丁目防災ちず
水害のときの避難所
南小
ここ浸水しやすい
畑
田中さんち
あした絶対に見ます
っていうか探します
アズ スーン アズ ポッシブル プリーズ
ならもらってきて
防災の第一歩はハザードマップを見ることからです
登山も地図を見ることから始まります

避難のタイミング
で？ いつ避難すればいいか 正直 わからないです
警報が出たら？ 警戒レベルってやつ？ 避難勧告？ なに？
そうだね たくさん用語《ワード》があって よくわからないよね
どれが どのくらいの強さで 発せられるのか 整理してみよう
警報 注意報 および 警戒情報は 気象庁が発表します
Japan Meteorological Agency
大雨 洪水 暴風 大雪 などなど 気象に関する警報 注意報から
地震速報と併せて 津波警報 注意報
土砂災害警戒情報に 竜巻 カミナリ 濃霧などの 注意報
噴火警報 噴火警戒レベルに 至るまで

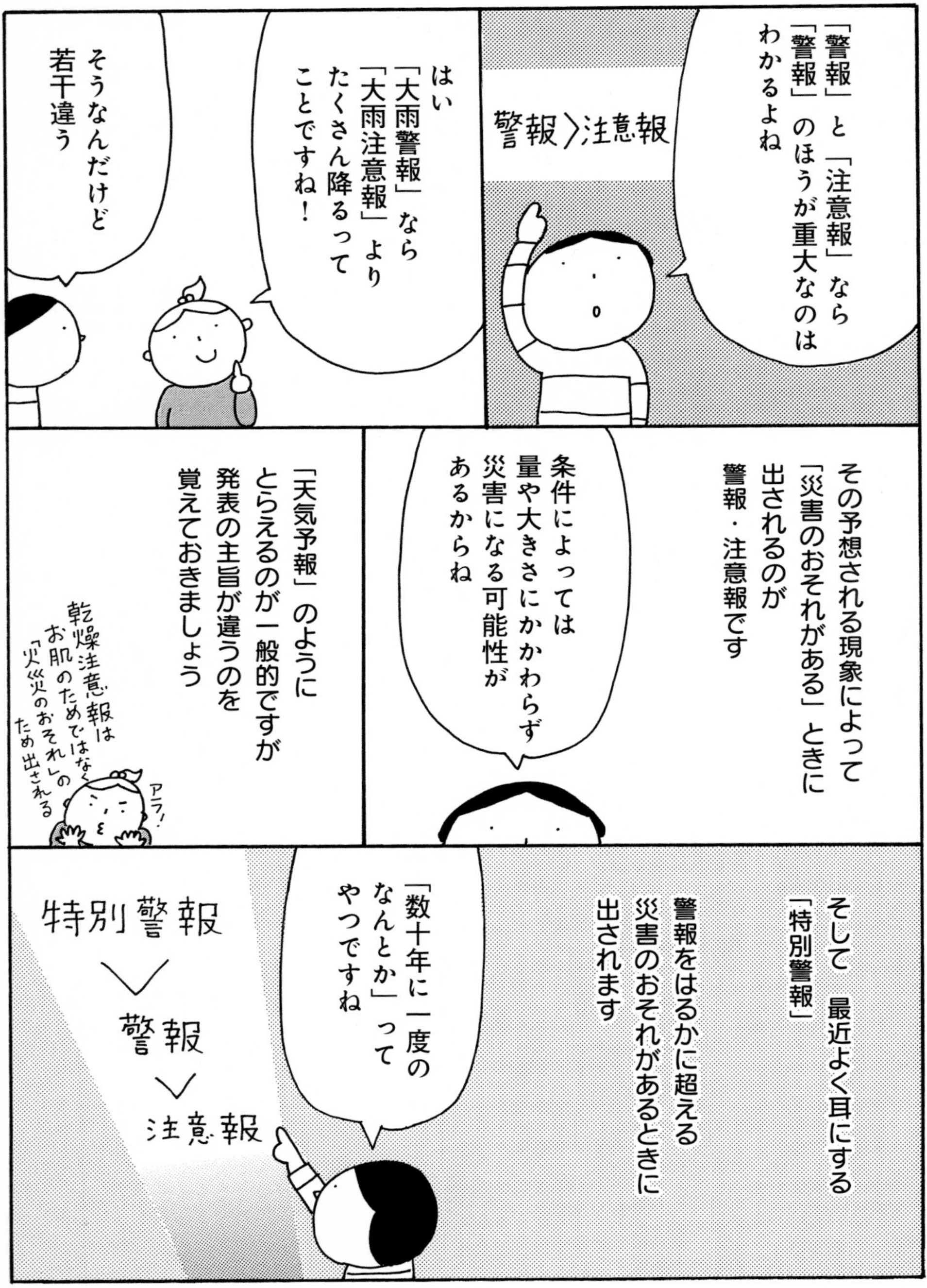
「警報」と「注意報」なら「警報」のほうが重大なのはわかるよね
警報〉注意報
はい「大雨警報」なら「大雨注意報」よりたくさん降るってことですね！
そうなんだけど若干違う
その予想される現象によって「災害のおそれがある」ときに出されるのが警報・注意報です
条件によっては量や大きさにかかわらず災害になる可能性があるからね
「天気予報」のようにとらえるのが一般的ですが発表の主旨が違うのを覚えておきましょう
乾燥注意報はお肌のためではなく「火災のおそれ」のため出される
アラ！
そして　最近よく耳にする「特別警報」
警報をはるかに超える災害のおそれがあるときに出されます
「数十年に一度のなんとか」ってやつですね
特別警報
∨
警報
∨
注意報

※指示（緊急）と勧告は2021年に一本化される見通しです。

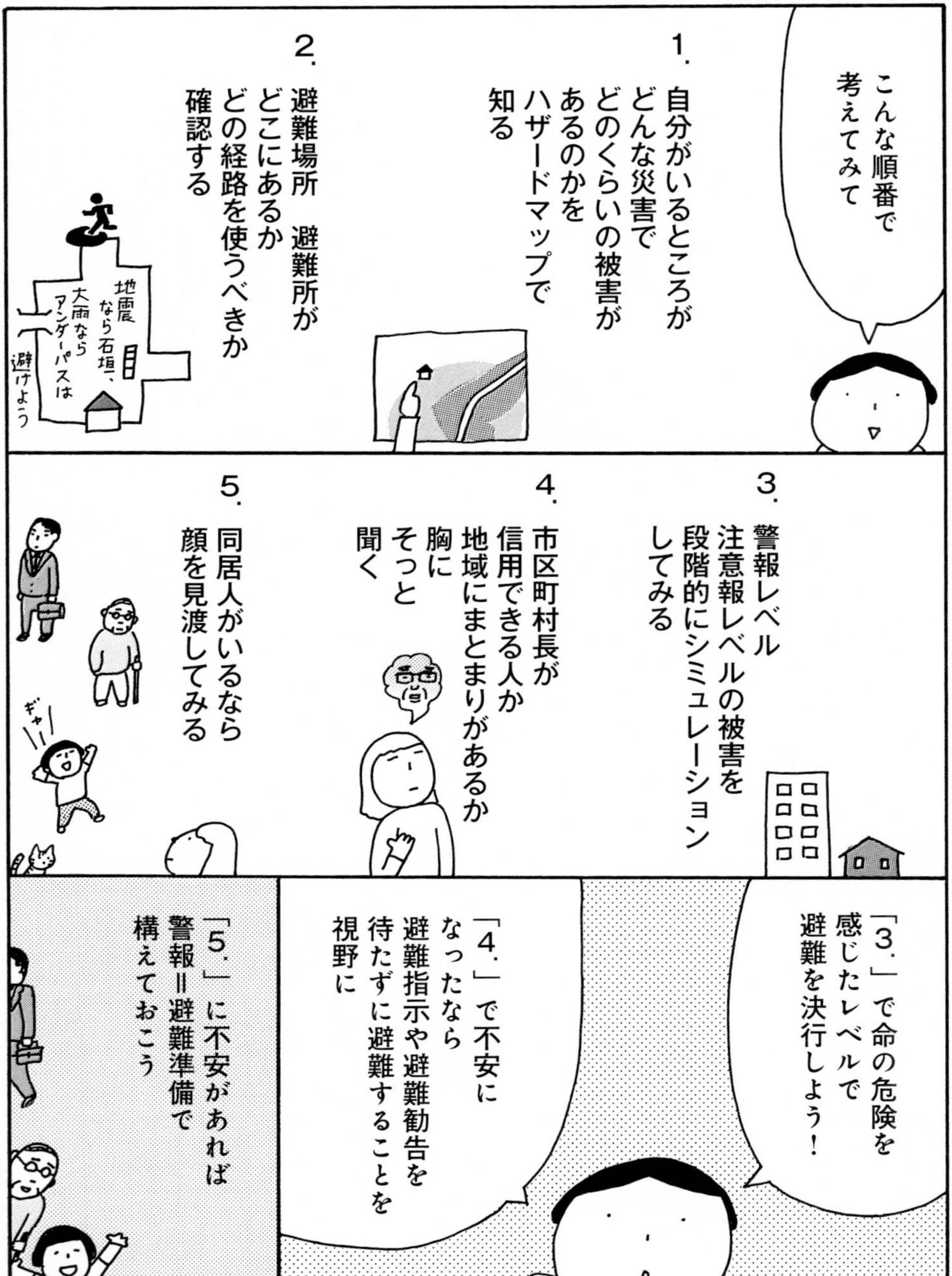
こんな順番で考えてみて
1.
自分がいるところがどんな災害でどのくらいの被害があるのかをハザードマップで知る
2.
避難場所　避難所がどこにあるかどの経路を使うべきか確認する
地震なら石垣、大雨ならアンダーパスは避けよう
3.
警報レベル注意報レベルの被害を段階的にシミュレーションしてみる
4.
市区町村長が信用できる人か地域にまとまりがあるか胸にそっと聞く
5.
同居人がいるなら顔を見渡してみる
ギャー
「3.」で命の危険を感じたレベルで避難を決行しよう！
「4.」で不安になったなら避難指示や避難勧告を待たずに避難することを視野に
「5.」に不安があれば警報=避難準備で構えておこう

各自　各家庭で
「このレベルが発表されたら
こうしよう」と
線を引いておくと
避難開始のためらいが
減らせるのでは
ないでしょうか
登山でも
「半日雨予報なら中止」
とか
「計画より1時間超過
したら引き返そう」
とか
自分ルールを
決めておくのが
安全登山の心得です
とはいえ
中止してすぐに
天気が回復したり
オーバーした時間が
巻き返せることも
よくあります
自分ルールを
超えるのか　守るのか…
行こか
戻ろか
そのときどきの状況を
判断するのが
とても難しいところ
登山の言葉に
「戻る勇気」というのが
あります
線を越えるほうが
簡単にできますもんね
防災でも
「避難する勇気」を
心に持っていると
いいのではないでしょうか
警報で避難？
それとも勧告でか？
…
左往
右往

警報には鈍麻《どんま》になるなかれ

どこ逃げてたんですか
玄関?
助手くんにテーブルとられたし
ヌッ
揺れなくて残念そうだけど揺れなくてよかったでしょ
災害予報は肩すかしだったらラッキーって思っとこ
たしかにそうですね
しかしながら反射的にテーブルに潜れて驚きです
フフフ 体はおぼえてるものですねー
子どものころの防災より 今は更新されていることもあるから初動をどうしたらいいか確認してみよっか
〔地震〕
揺れて 物が落下してきたり家具が倒れるおそれがあります まずは そのことから身を守ります
テーブルの下に潜る
頑丈なものやクッションなどで頭を覆う
揺れが激しいと窓ガラスが割れたり物が横飛びしてくることがあるそう
札幌震度5で我が家は台所の落下物がタタ々

速報が流れたら
倒れてくる家具が
少ない部屋に
移動するか
背の高い家具がない
玄関ドアなど
外とつながっている窓を
開けられたらナイス
揺れによって
建物がひずむと
扉や窓が開かず
閉じ込められることも
我が家は揺れでカギのかかってない窓が開いた
私の経験でいうと
速報から揺れるまで
何かできた例《ためし》はなし
東日本のときは
なぜか揺れを
眺めてた…
ガタ
ガタ
ガタ
揺れが大きくなってから
動き始めるっていう
……
無事だったから
いいけどさ
と考えると
家具や家電を動かないように
固定などの対策をしたり
通路をふさがないような
配置にするのが得策
そういえば「揺れたら
まず火を消す」って
いいませんか?
火事に
なるから
目の前で使っていたら
もちろん　消したほうが
いいんだけれど
今の都市ガスと
LPガスは
震度5相当以上で自動的に
供給が止まるように
なっているんだ
マイコン
メーターが
ついていたら
OK

だから焦って近づいて
ケガをするより
揺れがおさまってから
すぐ消そう
まず何より
「自分の身を守ることを
最優先に」
これはどの災害にも
共通する初動の心得
地震ってホント
突然すぎるんですよねえ
そうなのよ！
焦るなっていわれても…
焦るよね
しかし 必ず
自宅で遭うとも
限らないですよね
ごもっとも
でも初動の基本は
同じだよ
カバンなどで
頭を守る
建物からの
落下物に
気をつける
ゴロッ
施設や店舗内では係員の
指示に従う
大きな地震のあとには
「津波」「土砂崩れ」
「地割れ」「液状化」そして
「余震」がある可能性が
あります
海や川の近くにいたら
津波警報や注意報を待たず
高台に移動する準備を
しましょう
ちなみに山の遭難でも
下らずに
高いほうを目指すのが
助かるコツです
SOS
裾野のほうが
広くて迷いやすい

〔台風・大雨〕
「強風による転倒」「物の飛来」また大雨による「川の氾濫」や「浸水」「土砂崩れ」などから身を守ります
風水害は毎年起こるもっとも身近な災害です
被害発生数は地震より多い
ここ数年洪水が多いなぁ
こう なんか上流の過疎地域でなく人口の多い街への浸水被害が続いたね
でも 地震と違ってすぐにやらなきゃいけない初動ってないような……
そう 台風や大雨は被害になるまで時間があるのが厄介なとこだね
水害の初動はイチにもニにも情報収集です
どこで強く雨が降っているのか
ハザードマップを再確認
上流の川の水位はどうなっているか
ドウ
ドウ
警報・注意報が出ているか 今後の雨雲の動きは?
防災アプリやお天気アプリでかなり詳しいリアルタイム情報が得られます

2019年の台風19号によって起きた千曲川《ちくま》などの河川の氾濫は「大雨特別警報」が解除されてからのことでした
これは単に雨が弱くなっただけのこと累積した降水量が河川に影響するまでに時間差があったのです
解除って言ったのに〜〜〜
「氾濫発生情報」が出ていても大雨特別警報が解除になったことで避難所から自宅に戻り被災したケースが多くありました
たすけて！
それを受けて 気象庁は「解除」という言葉をやめ「(注意報などに)切り替え」に変更 切り替えたあとは 新たに「河川氾濫に関する情報」を同時発表することに
大雨警報に切り替わりました
たしかに「言葉」から受ける誤解ってあるかも！
発表《ワード》を正しく理解することが正しい判断につながります
解除っていわれたらリセットよ
公的な発表と併せて自発的に情報《うらづけ》をとりにいくと自分の判断に自信が持てそうです
発表を過小評価ではないかと疑ってかかるくらいでいいのかも

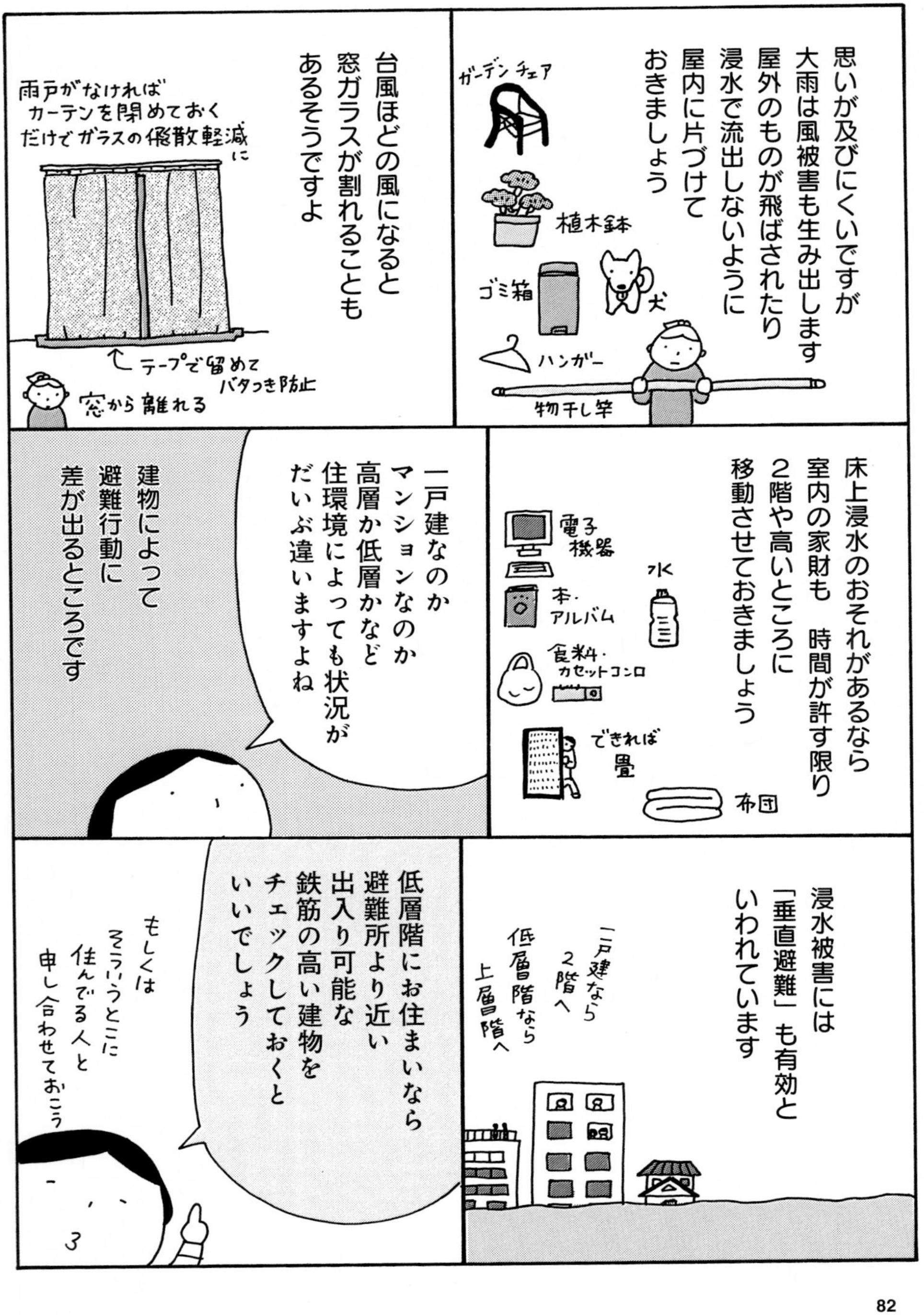

思いが及びにくいですが
大雨は風被害も生み出します
屋外のものが飛ばされたり
浸水で流出しないように
屋内に片づけて
おきましょう
ガーデンチェア
植木鉢
ゴミ箱
犬
ハンガー
物干し竿
台風ほどの風になると
窓ガラスが割れることも
あるそうですよ
雨戸がなければ
カーテンを閉めておく
だけでガラスの飛散軽減に
テープで留めて
バタつき防止
窓から離れる
床上浸水のおそれがあるなら
室内の家財も 時間が許す限り
2階や高いところに
移動させておきましょう
電子機器
水
本・アルバム
食料・カセットコンロ
できれば畳
布団
一戸建なのか
マンションなのか
高層か低層かなど
住環境によっても状況が
だいぶ違いますよね
建物によって
避難行動に
差が出るところです
浸水被害には
「垂直避難」も有効と
いわれています
一戸建なら
2階へ
低層階なら
上層階へ
低層階にお住まいなら
避難所より近い
出入り可能な
鉄筋の高い建物を
チェックしておくと
いいでしょう
もしくは
そういうとこに
住んでる人と
申し合わせておこう

何はともあれ
浸水してからの避難は
とても危険
避難するなら
早めにすることです
見えな〜い
浸水した水は
濁っていて
足下が見えません
マンホールや側溝に
落ちることもあります
山で沢を渡るとき
水が足首まであるだけでも
水圧を感じますもん
まだ水がきれいだから歩けるけど…
私なんて背が低いから
人より水が深くて
進むのが大変なんだよ
水って重いよね〜
水深は同じですよ
登山中に雨が降ると
水のパワーに
驚かされますよ
ドゥ ドゥ
雨のあとなんかとくに…
さっきまで
チョロチョロだった沢が
急に滝のようになったり
登山道も沢化して
山全体が 白糸の滝
みたいですもんね
登山道はくぼんでるので水が流れやすい
山に降った雨は
たくさんの沢をつたって
大きな川へ どんどん
集まっていきます
じょうごみたい

下流で洪水が起こりやすくなった原因に山の保水力の低下があげられることがあります
落ち葉の下の表土にも
肥えた土壌にも
岩盤のすき間にも
地下にはおいしい水
やがて湧き水に
山地が減少しているのは事実ですが　最近は山や街の排水能力を上回る雨量が一気に降る気がします
ザー
ザー
ザ
ザ
まんぷく…
大雨に付随する「土砂崩れ」や「地すべり」も山がこらえきれなくなって起こります
山の環境が変わったのではなく山をとり巻く環境が変わったのでは
山もこの変化についていけずいつでもリーチ一触即発状態でしんどそうです
ザ
うっ…限界…
ザ
山にいて「大雨警報」が出たら　すぐ下山か山小屋で待機します
それが及ぼす危険をすぐ近くに体感するからです
街だと「大雨警報」を「オオカミ少年的」で軽んじてしまいがちなのがいけませんね
気をつけよー

避難して生きる さまざまなカタチ
とりあえず助手はソッコーで避難所に行って安心することに決めました
人といたほうが心強いし
あんまり早く行っても開いてないかもよ？
張り切ってるとこわるいけど
なっ⁉ 避難所なのに？
避難所に指定されているところは公共施設がほとんどだから鍵がかかってるでしょ
365日避難所じゃない
では 助手が鍵を借りに？
ちがうよ
避難所の開所を決めるのは市区町村です
各地区の解錠担当の職員が遠方にいたり被災することもあるので実際に解錠するのは施設管理者や周辺住人に委任されていることが多いようです
地区に防災活動している団体があると連携が速やかです
自主防災の会とか 消防団とか

どの避難所が開設されたかは市区町村のホームページや地域のテレビ ラジオ 防災アプリでわかります
OPEN
××小学校
〇〇小学校
自治体によってはSNSでも発信
過去の教訓から 台風など予測できるものに対しては早い段階で開設する市区町村が増えています
移動に時間がかかる人たちもいるため
ホッ
炊き出しって給食を想像しません？
助手くんずいぶん楽しげな大規模災害を想定してない？
避難所の運営は基本的に避難者たちで行われます
あーよかった
来てたのー
実際は地区の自治会や防災組織そして災害ボランティアが加わって運営されるようですがそうしたメンバーに属さない立場だったとして「お客様ではない」ことを肝に銘じましょう
みんな被災者です
そっかぁてっきり誰かその係の人がやってくれるものかと……
給食係？

とくに開設直後の避難所は 混乱が予想されるので 自分のことは自分でする 覚悟でいたほうが いいでしょう
大きな災害であれば あるほど 自治体の対応が遅れると いわれています
なんでしょう… 避難せず家にいたく なってきました
それでもいいんだよ
危ないのに留《とど》まるのは 「在宅避難」とはいわない けど 家《そこ》が安全なら 避難所に行く必要はないの
その判断材料が ハザードマップや 気象情報だね
備えをしたうえでの 判断なら 「在宅避難」という 避難行動なんだ
今 都市部で 大きな災害が起きた場合 指定避難所だけでは キャパオーバーになると 試算されています
ホテル
SHOP
ホテルや社屋 店舗なども 避難所に使用できないか 検討されているほどです
山商事
ホテル
SHOP

もし　避難所に行かず
在宅避難したら
避難所の設備とか
備蓄品は使えないいん
ですよね？
そんなことないよ
避難所は誰でも
使えるんだ
旅行者でもOK
でも利用する前に
運営メンバーに声をかけて
名簿に記入したほうが
いいかな
避難所に
運営本部が立ち上がると
まず避難者名簿を作ります
安否確認にも
役に立ちますが
運営側は　それを元に
食事などの物資を
調達します
避難生活が
長引くようであれば
在宅避難者も
一度最寄りの避難所に
伝えにいくと
いいと思います
ところで
避難場所や避難所で
「テント避難」しても
いいんでしょうか
その点は
どうやら自治体で
まちまちみたい
なんだよね
車で乗り入れられるかも
ふくめて　避難所の看板や
ハザードマップに示している
自治体もあります
とくに表示がなければ
平時に問い合わせて
おきましょう

避難所が足りないことや住民の多様化に対応するためにここ数年で「テント」を備蓄する市区町村が増えています
今後はもっと一般的に整備されると確信しています
2020年のコロナ禍を機に避難所の感染症対策が大幅に見直されたことも大きいです
密です
ナイスソーシャルディスタンス2M
密です
そのほかにも「青空避難」といって避難所以外でのテント避難や車中泊避難も注目されています
まんまキャンプじゃないですか!
安全地帯なのかの見極めと　救助活動の妨げにならない場所選びが必要だね
郊外向きかな!
大きな災害があると渦中の人間の心理として個人プレーをよく思わなくなる傾向があります
ずるい
ヒソ
おかしい
ヒソ
今はまだこの視線を拭い去れるほど「テント避難」が普及していないのが現実ですが　それ自体は禁じられていません
在宅避難同様長引く場合は避難所に伝えましょう

ペットがいたり持病があったりで避難所に入りにくい人もいるって聞きます
そういうのもあって「在宅避難」や「青空避難」が認知されてきたんだろうね
でも避難所以外で避難生活をするなら孤立しないようにしてほしいな
災害から助かっても避難生活の過労や心労が原因で体調を崩したり亡くなられる方がたくさんいます
逆に避難所にいるならたまにはひとりになる時間もつくるべきです
大変なときだからとガマンしていることをたまには少し解放してあげてほしい
今後 もし私がテント避難や在宅避難を選択しても避難所には通いたいと考えています
いうなれば避難所に「通い避難」
心身が休まるプライベートな空間と対話のある共有空間中長期に及ぶ避難生活にはどちらも必要なのではないでしょうか
どうでしょうか?

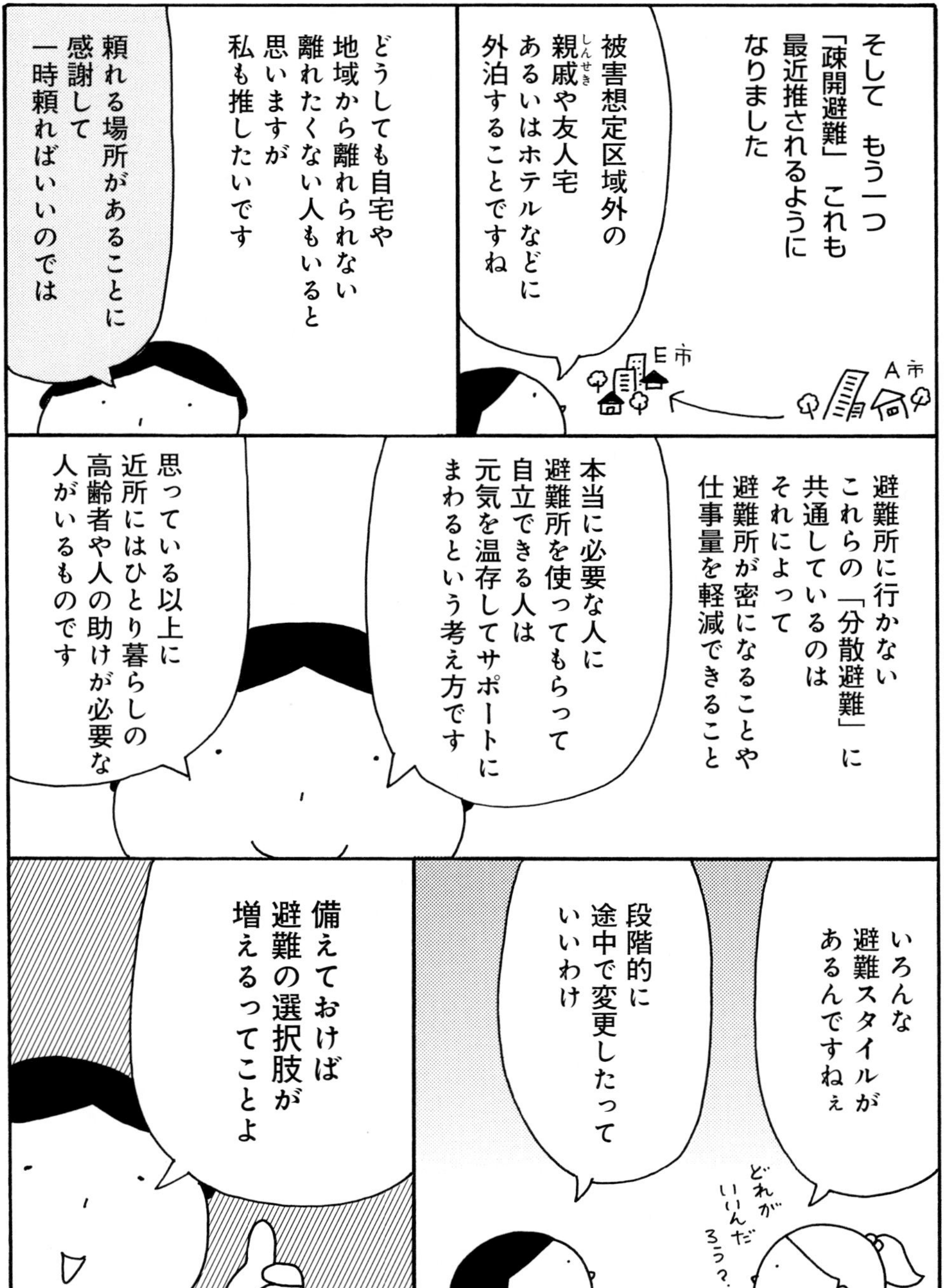
そして　もう一つ「疎開避難」これも最近推されるようになりました
被害想定区域外の親戚《しんせき》や友人宅あるいはホテルなどに外泊することですね
E市
A市
どうしても自宅や地域から離れられない離れたくない人もいると思いますが私も推したいです
頼れる場所があることに感謝して一時頼ればいいのでは
避難所に行かないこれらの「分散避難」に共通しているのはそれによって避難所が密になることや仕事量を軽減できること
本当に必要な人に避難所を使ってもらって自立できる人は元気を温存してサポートにまわるという考え方です
思っている以上に近所にはひとり暮らしの高齢者や人の助けが必要な人がいるものです
いろんな避難スタイルがあるんですねぇ
どれがいいんだろう？
段階的に途中で変更したっていいわけ
備えておけば避難の選択肢が増えるってことよ

被害軽減のための自助・共助・公助
もっとも遭遇率が高そうな「地震」と「台風・大雨」を例に　避難について考えてきたけど　どう？
うーん　すぐにも自分に起きそうと感じてきましたね
毎日通る小学校とか公園の見方が変わりましたし
学校は世を忍ぶ仮の姿……
気象情報ももっと熱心に観るようになるかもしれません
台風6号がマレーシア沖で発生し…
でも　何気に…
何気にショックだったのが　結局自分で行動しないといけないっていう……
避難なんて大事なことすら誰も決めてくれないなんて！
うるっ

助手くんが言わんとすることはわかるよ
私もそう思ってた
最終的にはもっと国とか自治体が住民に指示したり助けたりしてくれるものだと思ってたたってことでしょ？
意外と任されていた
防災の考え方に「自助」「共助」「公助」という三本柱があるの
いちばん大事なのはどれだと思う？
公助と言いたいけど「自助」でしょうね
どんな災害においても共通して最大級に守らなければいけないのは「自分」
もし全員が「自分」を守ればみんな無事ということになります

現実は必死に頑張ってもどうにもならないこともあるけれど防災っていうのは自分を守れば無事と信じて備えたり行動するってことなんだ
でも個人の力には限界があるそこで次に大事になるのは「共助」
災害時の助け合いはもちろん平時に防災のために活動したり災害ボランティアに参加するのも「共助」です
災害ボランティアの活躍ってホントすごい
知ってる？登山者をはじめアウトドア経験者は重宝されるんだよ
それはやっぱり野外で自立してるからなんだよね
災害ボランティアは被災地で基本「自活」できないといけません
野に放っても大丈夫な人たちが多いからね
アハハ
自立すれば人を助けることもできるのです

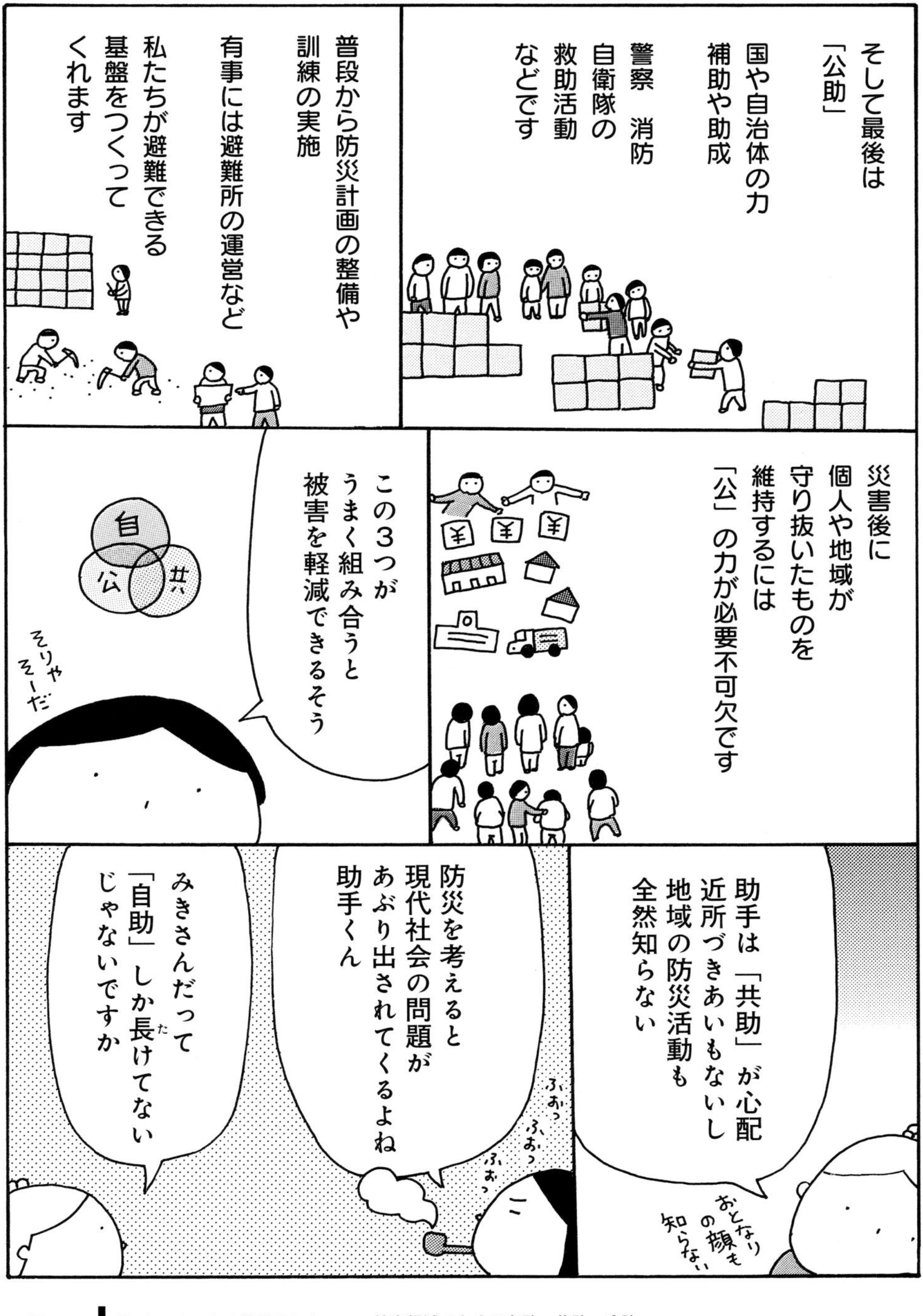
そして最後は
「公助」
国や自治体の力
補助や助成
警察　消防
自衛隊の
救助活動
などです
普段から防災計画の整備や
訓練の実施
有事には避難所の運営など
私たちが避難できる
基盤をつくって
くれます
災害後に
個人や地域が
守り抜いたものを
維持するには
「公」の力が必要不可欠です
この3つが
うまく組み合うと
被害を軽減できるそう
自
公
共
そりゃ
そーだ
助手は「共助」が心配
近所づきあいもないし
地域の防災活動も
全然知らない
おとなりの顔も
知らない
防災を考えると
現代社会の問題が
あぶり出されてくるよね
助手くん
ふぉっ
ふぉっ
ふぉっ
みきさんだって
「自助」しか長《た》けてない
じゃないですか

column 3 警戒レベルの色で直感的に行動

災害時にもっとも欲しい情報は「今、自分がどういう行動をとるべきか」です。なのに、気象庁や自治体(市区町村)から同時にさまざまな情報が流れるので、焦って混迷が深まるばかり……。

そこで行動を直感的に促すものが、「警戒レベル」です。気象庁の発表と自治体からの発令とを統合して危険度を示しています。5段階に分かれ、レベル1〜2までは気象庁が発表。レベル3からは高齢者など避難に動き出すよう市区町村が「発令」します(レベル5は河川決壊などすでに災害が起きた状態)。

もちろん、乱れ飛ぶ防災ワードすべてを照らし合わせられるに越したことはありませんが、直感的に行動するには警戒レベルの「色」に注目するといいでしょう。(ただし、危険が及ぶ速度が速く、レベルの更新が間に合わないことも……。)大雨を例に、レベル別に「私だったら」の行動を書き出しました。

警戒レベル（対応する色）	半歩先ゆく とるべき行動（鈴木バージョン）	市区町村の発表	気象庁の発表
1（白）	・天気予報、雨雲レーダーから大雨が予想されている時間にどこにいるか確認。場合によっては予定を変更する。 ・足りない備えがあれば買いに行く ・大きな被害になりそうなら疎開先に一応連絡	なし	早期注意情報 （ex：明日から大雨の予報でーす）
2（黄）	・ハザードマップを再チェック ・気象情報をこまめに見る（以下共通） ・被害想定区域及びその周辺の高齢者、避難に助けがいる人、小さい子供がいる家庭は避難準備・開始 ・（外出先でも）被害想定区域に近よらない ・車を高台などに移動　・疎開避難準備・開始	なし	大雨・洪水・高潮注意報 氾濫注意情報 （ex：今日は大雨の予報でーす）
3（赤）	・退避避難か在宅避難か決める ・開設した避難所をチェック ・該当する高齢者等は避難開始・完了 ・退避避難する人は避難準備・開始 ・疎開避難開始・完了	避難準備 高齢者等避難開始	大雨・洪水警報 高潮（警報に近い）注意報 氾濫警戒情報 （ex：数時間で大雨のピークですよー！）
4（紫）	・あらゆる避難のラストチャンス（避難経路の状況で判断すること） ・退避避難完了 ・在宅避難者は外に出ない	避難勧告（薄い紫） 避難指示（濃い紫）	土砂災害警戒情報 高潮警報・特別警報 氾濫危険情報 （ex：けっこうギリギリでーす）
5（黒）	・安全確保済　過ぎ去るのを待つ ・油断せずどこにいても命を守る （・警報に切り替わっても、しばらく外に出ない、家に戻らない）	災害発生情報	特別大雨警報 氾濫発生情報 （ex：っていうかすでに災害でーす）

※2020年8月の情報に基づいた表です。レベル4の勧告と指示を一本化するなど、今後の変更もあり得ます。

第4章　私の備え術

毎日が登山式防災
私は「在宅避難」「テント避難」を前提に備えをしています
登山装備をうまく使って「日常」にも生かせるようにしたので紹介します
まずは暮らしのインフラ
これがないと避難生活がままなりません
あれ?
パチ
パチ
電気　ガス　上下水道…
毎日24時間使えて当たり前のものがどれかひとつ使えないだけでも一瞬　目が点になります
あれ?
カチッ
あれ?
あれ?
ガスは登山用のストーブが2つ
燃料は　大中小が1～2つずつ
それと　フツーのカセットコンロと燃料が6～8缶
登山用の燃料は高価なので在宅での避難生活にはカセットコンロから使い始めるつもり

煮炊きにも使う飲料水のストックは登山用の水筒に溜《た》めることにしました
もともと水筒が好きでいくつも持っていたので有効利用
みずざんまい
空っぽで収納してもかさばるので持ってる人にはおすすめです
1L ボトル
丈夫で臭いがつきにくいナルゲンボトルコレクション
入れっぱなしで災害までとっておくと悪くなってしまうので植木や掃除などに使って順番に入れ替えています
一巡するのに7日くらいかな
蓋《ふた》ギリギリまで水を入れると空気に触れないから長持ちするそう
いつも溢れさせてフタをします
毎朝沸かすお湯も余分に沸かして保温ポットに入れます
これはほとんど当日中に使い切りますが沸かし直しの時間と燃料を節約するテント泊でのコツです
750mm ポット
湯を移し終えたやかんにさらに水を入れてストック完了
2L くらい

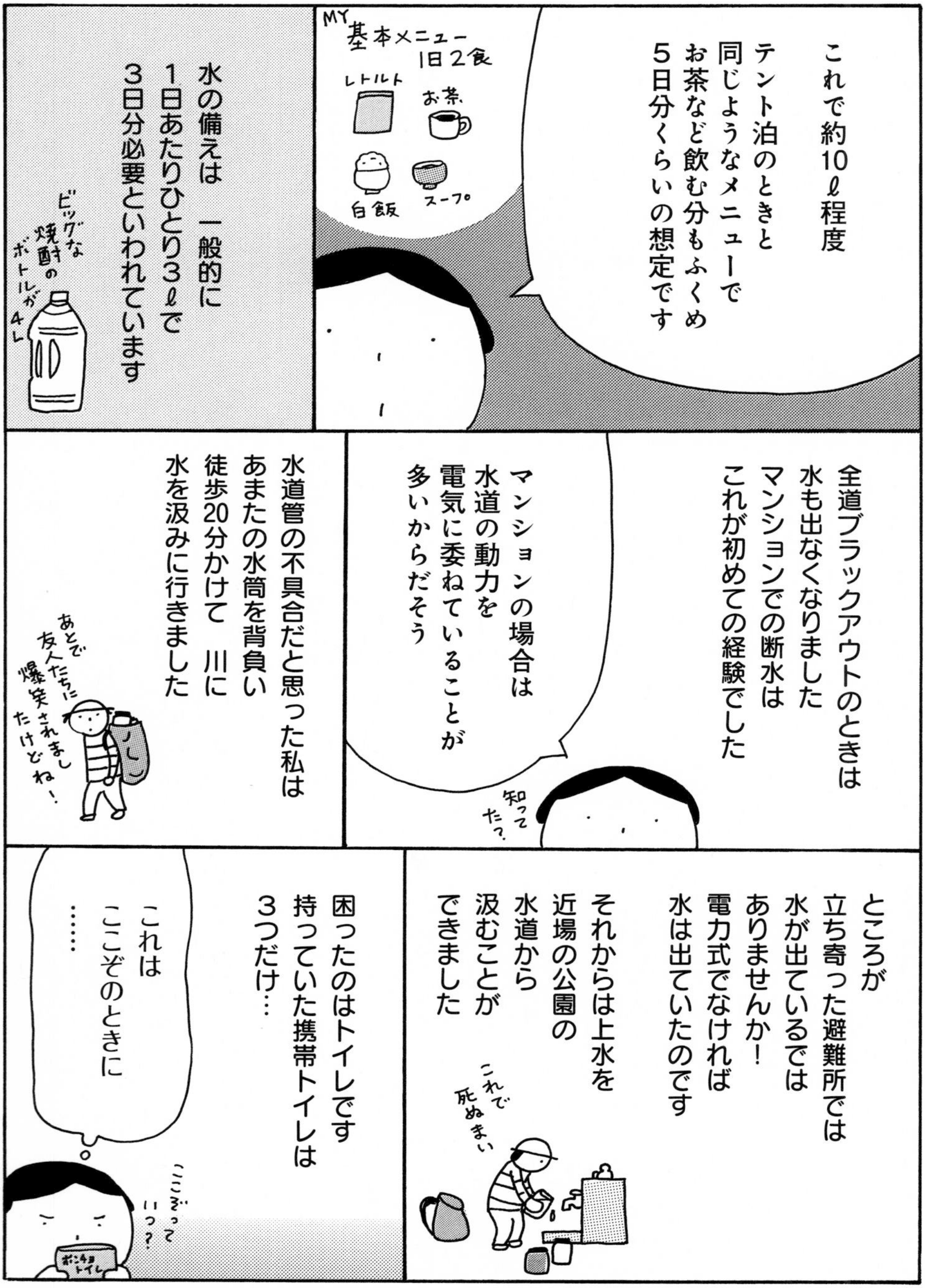
これで約10ℓ程度
テント泊のときと
同じようなメニューで
お茶など飲む分もふくめ
5日分くらいの想定です
MY 基本メニュー 1日2食
レトルト
お茶
白飯
スープ
水の備えは 一般的に
1日あたりひとり3ℓで
3日分必要といわれています
ビッグな焼酎のボトルが4L
全道ブラックアウトのときは
水も出なくなりました
マンションでの断水は
これが初めての経験でした
マンションの場合は
水道の動力を
電気に委ねていることが
多いからだそう
知ってた?
水道管の不具合だと思った私は
あまたの水筒を背負い
徒歩20分かけて 川に
水を汲みに行きました
あとで友人たちに爆笑されましたけどね!
ところが
立ち寄った避難所では
水が出ているではありませんか!
電力式でなければ
水は出ていたのです
それからは上水を
近場の公園の
水道から
汲むことが
できました
これで死ぬまい
困ったのはトイレです
持っていた携帯トイレは
3つだけ…
これは
ここぞのときに
……
ここぞっていつ?
ポンチョトイレ

初日　幸いにして
水を汲みに行った河川敷に
仮設トイレを発見!
ここぞ!
配管に亀裂などなければ
家のトイレも使えます
小便は汲んできた
川の水で希釈
流すにはまったく足りない
ひとりぐらしでよかった
地域のすべてが
断水ではないと知って
大便はコンビニのトイレを
借りに行きました
ありがとう
セコマ
ジャー
停電と断水は
たった2日間でしたが
トイレには悪臭が……
はじめから携帯トイレを
使わなかったことを
後悔しました
これらの反省から
風呂の残り湯は次回まで
抜かないようにして
小ならバケツ半分くらいで流せる
紙はゴミ箱へ
火災のときは消火にも使えます
なおかつ　52ページで紹介した
手づくりトイレセットを
50セット用意
山でも携帯トイレとして
使えますし
また同じようなことが
起きたら　近所に
配ってもいいかなと
本当に困ったので
ちなみに　地震後
トイレットペーパーも
箱買いに切り替え
買い占められても安心
たかがトレペ
されどトレペ

※借りられないコンビニもあります

※下水道被害・浸水被害時はNG　流しちゃダメ

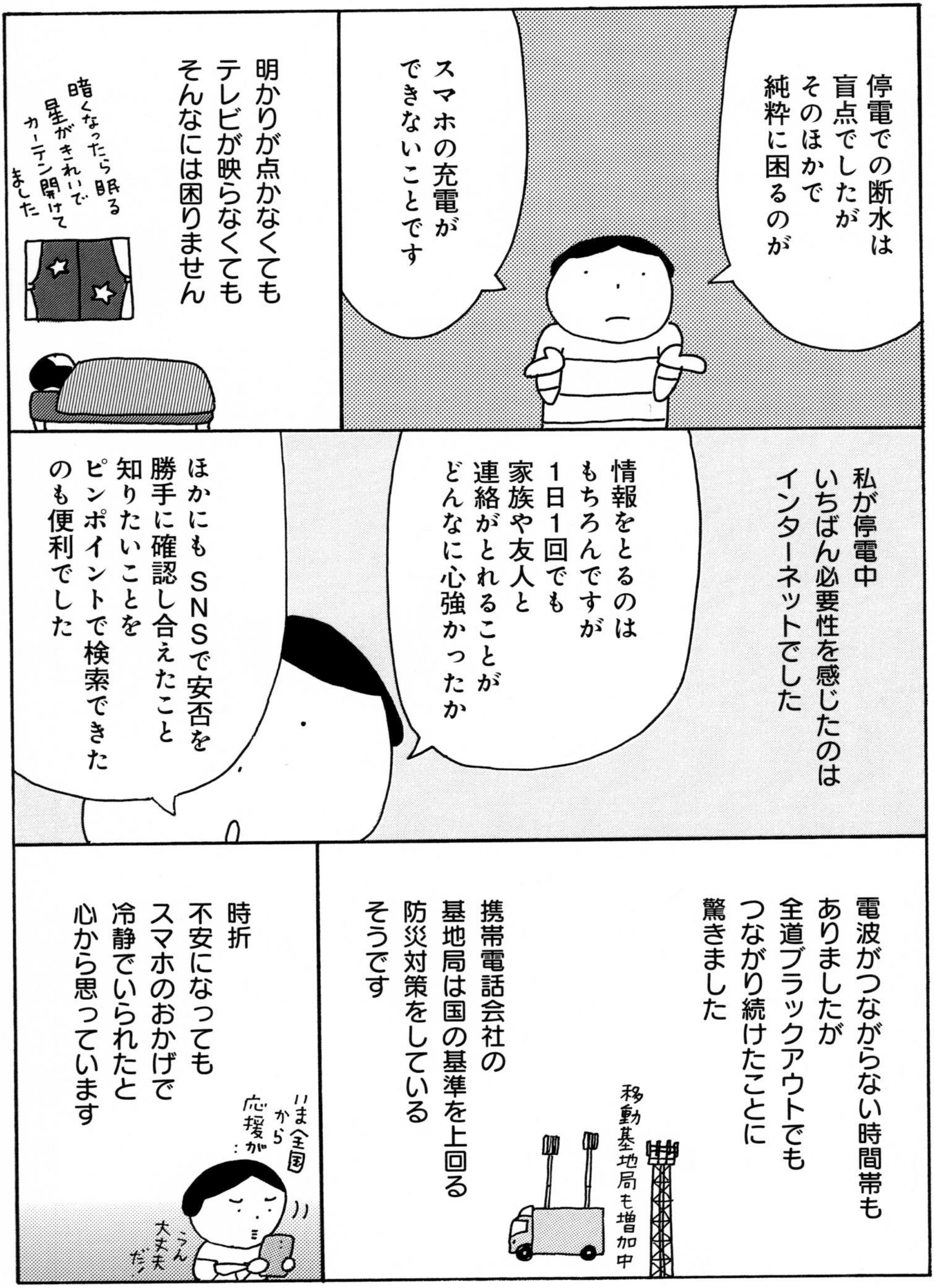
停電での断水は盲点でしたがそのほかで純粋に困るのが
スマホの充電ができないことです
明かりが点かなくてもテレビが映らなくてもそんなには困りません
暗くなったら眠る
星がきれいでカーテン開けてました
私が停電中いちばん必要性を感じたのはインターネットでした
情報をとるのはもちろんですが1日1回でも家族や友人と連絡がとれることがどんなに心強かったたか
ほかにもSNSで安否を勝手に確認し合えたこと知りたいことをピンポイントで検索できたのも便利でした
電波がつながらない時間帯もありましたが全道ブラックアウトでもつながり続けたことに驚きました
携帯電話会社の基地局は国の基準を上回る防災対策をしているそうです
移動基地局も増加中
時折不安になってもスマホのおかげで冷静でいられたと心から思っています
いま全国から応援が…
うん大丈夫だ！

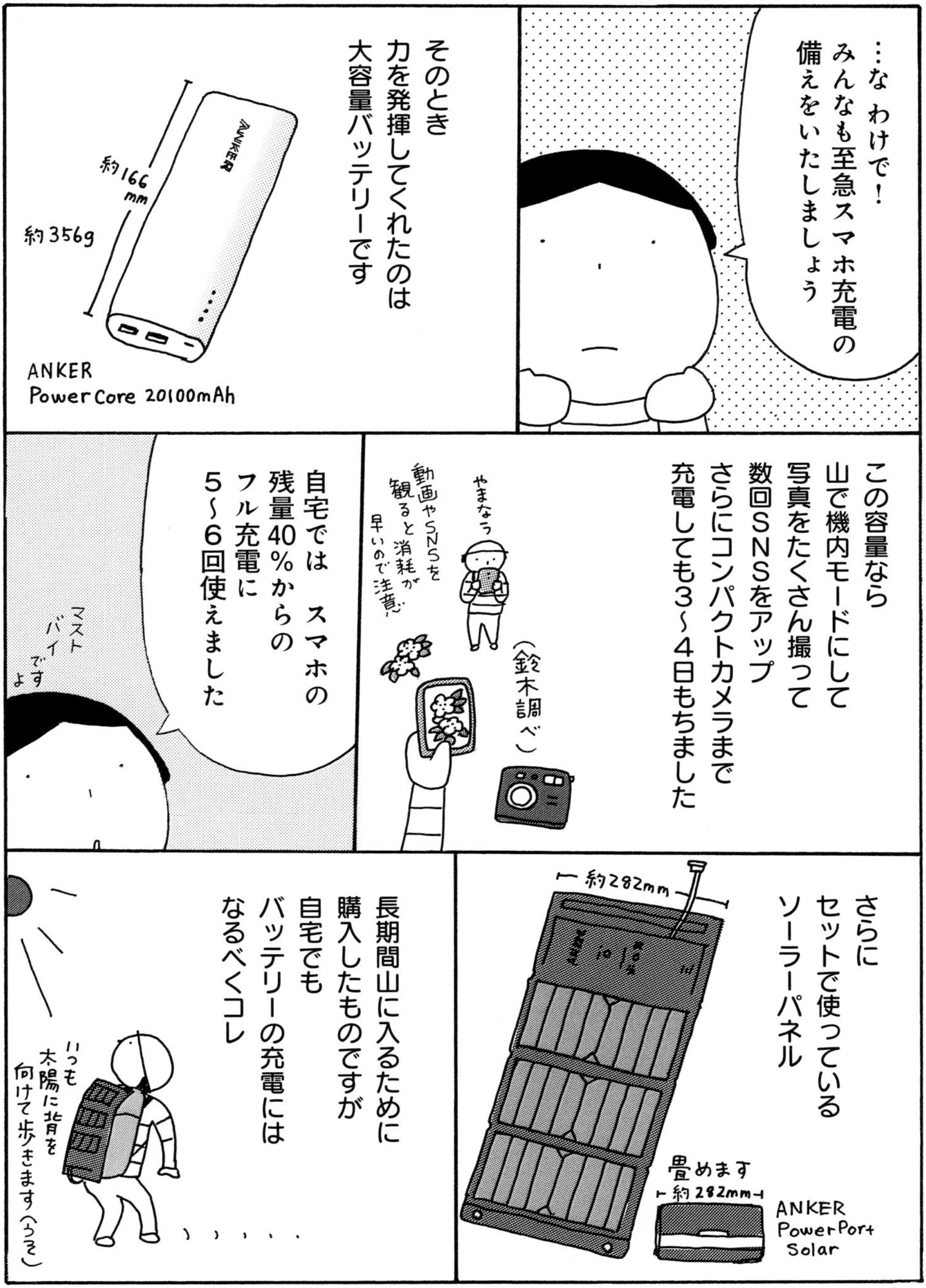
…なわけで！
みんなも至急スマホ充電の
備えをいたしましょう
そのとき
力を発揮してくれたのは
大容量バッテリーです
約166mm
約356g
ANKER
ANKER
PowerCore 20100mAh
この容量なら
山で機内モードにして
写真をたくさん撮って
数回SNSをアップ
さらにコンパクトカメラまで
充電しても3〜4日もちました
動画やSNSを観ると消耗が早いので注意
やまなう
（鈴木調べ）
自宅では　スマホの
残量40％からの
フル充電に
5〜6回使えました
マストバイですよ
さらに
セットで使っている
ソーラーパネル
約282mm
畳めます
約282mm
ANKER
PowerPort
Solar
長期間山に入るために
購入したものですが
自宅でも
バッテリーの充電には
なるべくコレ
いつも太陽に背を向けて歩きます（うそ）

このセットが
自宅にある
安心感たるや！
太陽サンキュー
ドン
ドン
バッテリーだけでも
いいですが
ソーラーパネルがあると
0《ゼロ》をプラスに
できるのです
バッテリーだけだと
0になったら
永遠のゼロ
2%
これって
すごいこと！
と思わない？
この発電セットがあるので
登山用のヘッドライトも
ラジオも
USB充電式に
買い替えました
明かりについても
ソーラーランタンを
ベッドサイド灯《ライト》として
日々使っています
節電にもなりますよ
太陽サンキュー
窓辺に置いておくだけで日中勝手に充電してくれる天才
私はそもそもが
ケチな節約家なので
在宅避難中でも
電気や水の使える量が
少ないことが　それほど
苦になりませんでした
登山だけでなく
ケチも防災に役立って
いる気がします
普段とさほど変わらない
てへ
それどころか
防災意識の高まりとともに
ケチに磨きがかかった気も！
フッ

備蓄も
山と防災
両用タイプ
「ローリングストック」って聞いたことありますよね
「循環備蓄」ともいって
非常食を日常でも定期的に食べて
また補充して……と
非常食の期限切れをなくす備蓄方法です
これを私は「日常」「非常」「登山」の3つで循環させられるように食品選びをしています
「山で使えるもの」を基準にしています
昔は非常食といえば「乾パン」「缶詰」の世界でしたが
今は常温保存できておいしいものが増えています
カンパン苦手だった
登山道具店にも見映えのいい非常食がたくさん並んでいるのですが
高い…
日常と循環《ローリング》させるにはちと高価
以前は登山中に食べる分だけストックしていましたが
結局　期限切れになったことも
フリーズドライ 120～300円
おかず
アルファ米
ごはん
300～400円
パン
ロングライフパン
400円くらい

それが
東日本大震災のとき
登山道具店から
アルファ米などが消えました
本当に必要な
被災地へ
届けられたからです
コッヘル
アルファ米
ガス
じゃあ
家にあるもので
なんとかするか
これがキッカケで　私は
山で米を炊くようになり
山に持っていく食品の
ほとんどをスーパーで買える
ものにシフト
安価で量も多く
近所でも手に入りやすい…
これなら日常でも
流用できると気づき
ストックをするように
食品の備蓄量は
1週間分といわれていますが
私はコロナ禍を機に自主的な
新しいストック様式として
2週間分に
引き上げました
ステイホーム
私の食品ストックは
シンプルに
こんな感じです
種類が多いとおぼえられない
早ゆでパスタ
4分
ロング
ショート
シリアル
クスクス
無洗米
ななつぼし
2kg
そうめん
インスタント
スープ・みそ汁
わかめ
なす
20杯分くらい
缶詰
トマト缶
2～3缶
さんま
サバ
ツナ
魚缶
4～5缶
つまみ缶
ちょいちょい
カップラーメン
5食分
インスタント
袋めん
サッポロ
3～5食分
レトルトカレー
カレー
7食分
パスタソース・
レトルト丼ぶりもの
カルボナーラ
マーボ丼
2～3食分
飲みもの系
・スポーツドリンクの粉
・スティックコーヒー
・お茶・紅茶・コーヒー

水や火器がなくても
そのまま食べられるものを
必ず加えておくと
いいそうです
レトルトおかゆ
鮭
梅
バランス栄養食
カロリーメー
お菓子
クッキー
ポテチ
チョコ
inゼリー
果物
野菜
非常食の非常用として
登山用の食品も
2泊分ストック
今後 さらにアップデートして適したものを探します
楽しみっ
これらのストックを食べたら
食べた分だけ補充して
だいたい
この量をキープ
ひとり暮らしなので逆に買い過ぎないように気をつけています
なるべく味が
重ならないように
気に入ったものを
買い足す作業も
なかなか楽しいです
また 実はインスタントものが好物なんですよ
あらやだもう
でも
しょっちゅう食べると
体によくない気がして
日常ではセーブ
だから 山で
たまに食べるのを
楽しみにしていました
うま〜〜〜
ズルッ
ストックを始めてからは
ローリングするために
定期的に あえて
「おさぼりデー」を設け
自炊せずインスタントを
食べる日に
うま〜〜〜
ズルッ

こうして　非常食を無理なくローリングしていますがやっぱり備蓄のポイントは「食べたいもの」を選ぶこと
山みたいな限られた環境下で好きじゃないものを食べると　やる気が落ちちゃうんですよ避難中もそうなんじゃないかな
在宅避難のいいところは自分で食事を用意できることもあると思います
食べ慣れた味というのも　安心感が得られますしね
食べる時間や量もマイペースにできますし
余談ですが
私　避難所で食いっぱぐれる予感がするマイペースひとりっ子です
それから　自宅ならストック以外の食料もありますインスタントものに乾物を加えて栄養価アップさせるのも登山のときによくやります
ワカメ
干し椎茸
のり
切り干し大根
ゴマ
干し野菜
高野豆腐
お菓子のストックもた〜っぷりありますしねー
買い足しが正当化できるぜ

ちなみに 登山との つながりはないですが
うち 冷蔵庫が ちっちゃいんです
停電になれば ただの食料庫…
腐るものが少なくて よかった〜
停電中 近所の戸建ではBBQ《バーベキュー》大会が 繰り広げられて いました
道民はBBQ大好き！
そう考えると 冷凍食品をふくめ あまり過剰に生鮮食品を 買い置きしないことも 防災方法の1つかも しれません
冷蔵庫のなかの ストックも 一度見直して みては？
しばらく ゴミ収集も こないしよ
停電になったら 極力冷蔵庫を開けず 冷気を保つようにしましょう
停電のおかげで 最終的には 霜がとれて お掃除できました
防災のために 食生活は変えられない かもしれませんが 習慣化しているからこそ 見直しにくい部分では ありますよね
「防災」という 視点をちょっと持つ だけで フードロスも減ると 思いますよ
以前に比べて 食品庫や冷蔵庫 から化石が 発掘されなく なりました
こ、これはっ ジュラ紀の…

収納方式も登山式が役に立つ
「テント避難」のときはインフラも食料も 家から持ち出さねばなりません
短時間でパッキングできる工夫も大事
防災を考えて登山装備の収納を工夫しています
せっかく備えたものをバラバラに収納してしまってはもったいない
登山装備はまとめてひとつのクローゼットに収納しました
大公開！
登山ザック
その他バッグ
寝袋
寝袋
布団
登山小物
登山小物
登山小物
様々な袋
スーツケース
基本装備一式は用途ごとに小分けして袋に入れておきます
着替え一式
肌着上下
Tシャツ
など
おパンツ
くつ下
どんな山にも持つ小物
ヘッドライト
ホッ
カイロ
手袋
熊鈴
コンパス
UVクリーム・リップクリーム
ポリ袋 など
自炊用品
コッヘル
ガス
ストーブ
など
非常食
シリアルバー
パワージェル
など
救急用品
ほうたい
ばんそうこう
ナイフ
薬
テーピング
など
トイレ
ペーパー
携帯トイレ
など

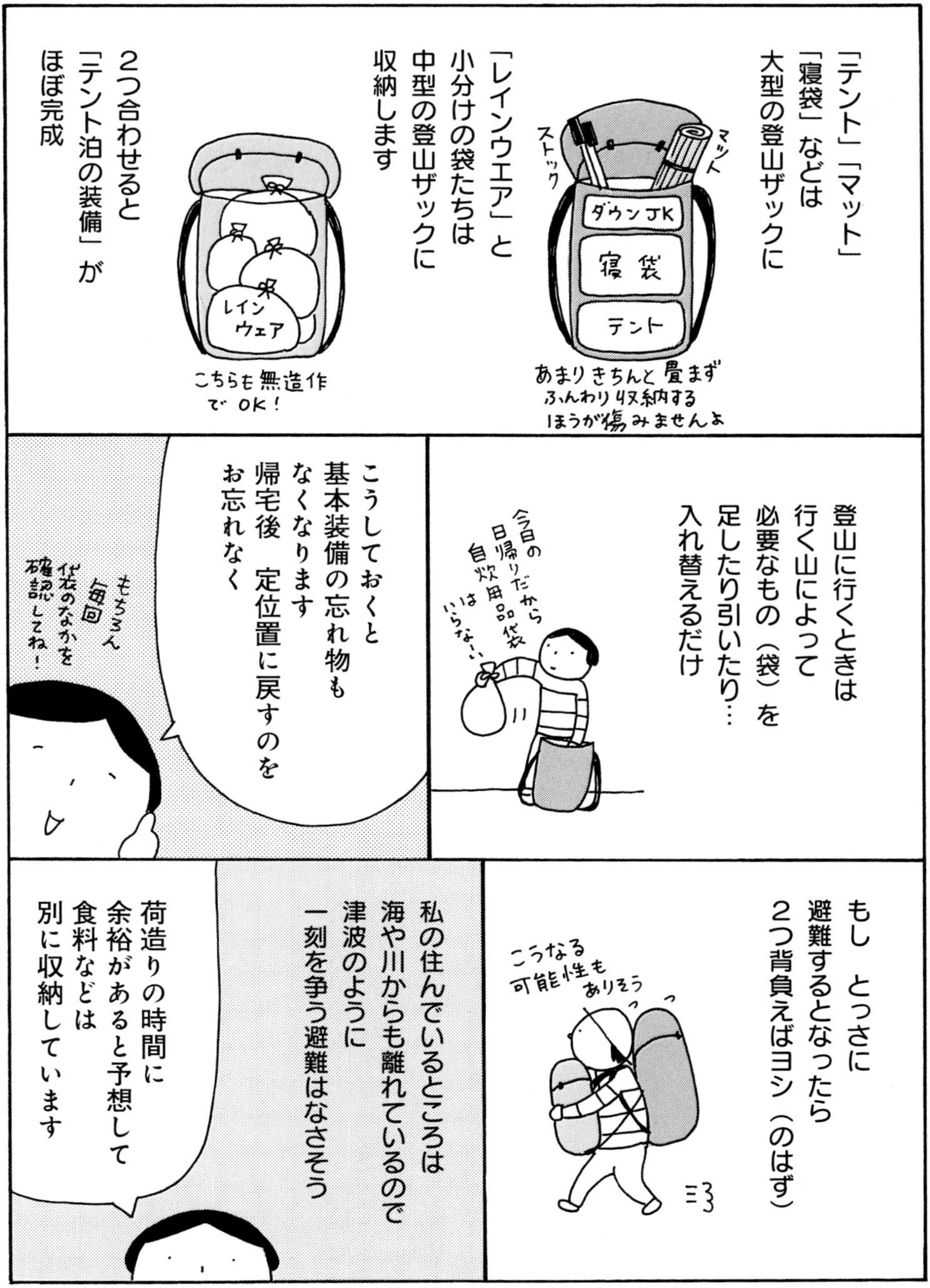
「テント」「マット」「寝袋」などは大型の登山ザックに
マット
ストック
ダウンJK
寝袋
テント
あまりきちんと畳まずふんわり収納するほうが傷みませんよ
「レインウエア」と小分けの袋たちは中型の登山ザックに収納します
レインウェア
こちらも無造作でOK！
2つ合わせると「テント泊の装備」がほぼ完成
登山に行くときは行く山によって必要なもの（袋）を足したり引いたり…入れ替えるだけ
今日の日帰りだから自炊用品袋はいらな～い
こうしておくと基本装備の忘れ物もなくなります 帰宅後 定位置に戻すのをお忘れなく
もちろん毎回袋のなかを確認してね！
もし とっさに避難するとなったら2つ背負えばヨシ（のはず）
こうなる可能性もありそう
私の住んでいるところは海や川からも離れているので津波のように一刻を争う避難はなさそう
荷造りの時間に余裕があると予想して食料などは別に収納しています

しかしそれも
バラバラにはせず
迷わず持ち出しできる
ように　まとめています
(台所)
ローリングストック箱
(玄関・リビング)
充電関係
身分証明関係
(洗面所)
旅行用の洗面用具一式
素早く荷造りするためにも
身の回りのものを
シンプルにして
整理整頓しておくのも
防災ですね
おそらく　多くの人の
「非常持ち出し袋」は
何かあるその日まで
どこか暗いところに
眠っていることでしょう
何が入っているかだって
忘れられているかも…
でも登山を趣味にすれば
年に数回は中身を見直す
ことにもなるんです
季節で必要なものも
調整できますよ
この収納方式にしてから
登山に行く荷造りも
すこぶる簡単に
「いつでも避難」
というより
「いつでも登山」
できます
ぐっ
登山者は　急に
社会から避難したくなる
ときがありますからね
大変　大変
山に避難じゃー
ストレス特別警報だー!!

貴重品はポシェットに！
お次は貴重品の類い
登山では　ザックとは別に
ポシェットなどに入れて
携帯する人が多いです
コレ
移動中や建物内では
重いザックを置いて
離れることがあるので
私もそうしています
たとえるなら
飛行機の旅の
機内持ち込み荷物
コレ
休日でいうなら
半日以上の外出時の荷物を
思い浮かべてください
コレ
その荷物は
避難のときも置き去りに
できないと思います
そのなかでも　とくに
必ず持っていく小物は
どう収納していますか
財布
時計
リップ
社員証
マスク
カギ
これらこそ
バラバラにせず1ヵ所に
そして「見えるように」
しておくのがいいと
思います
見えてても
探していること
ありますけど

それらの小物は
一般的な貴重品のほかに
あなたには欠かせないもの
ないと困るものです
バッグインバッグにするのも　わかりやすくていいですよね！
必ず持ちたい
忘れたくない
小物を
ひとまとめ
バッグを変えても
それを移動させるだけ
災害は外出先で遭うこともあります
そこだけでも登山のエッセンスを加えてみませんか？
外出先から近くの避難所
もしくは
歩いて帰宅すると想定した
備えです
いろいろあればそれに越したことはありませんが毎日それに備えて荷物が増えるのは現実的ではないのでは
防災に役に立つこんなアイテムを普段から通勤や旅先でも持ち歩いてみてはいかがでしょう
水筒・ペットボトル
のみもの
500ml以上
折り畳み傘
手ぬぐい
WE LOVE 山小屋
マルチツール
ホイッスル
たったの26g
超小型ヘッドライト PETZL e+LITE
ペラペラな高機能ウインドブレーカー的なジャケット
薄手のストール
おやつ
mint
フリスク的なタブレット
note
油性ペン
筆記用具
1～2回スマホ充電できるバッテリー
いい香りのバーム
パンティライナー
除菌シートかウェットティッシュ
19cm
携帯トイレ（ポリ袋入り）

丈夫で大きな黒のポリ袋は
緊急時での使い道が多く
持ち歩きアイテムに
是非加えていただきたい
水を運ぶバケツ
土のうにもなる
寒いときは着る
底に穴を開ける
万が一の目隠し
ち～
などなど
寝袋
エスパー鈴木?
携帯トイレのセットに
組まれていることが多いので
それを利用してもいいです
ちなみに私がプロデュースした携帯トイレはポリ袋にもなるポンチョ付き
ぜひ!
入れてありそうで
うっかりしがち
ないと地味に困るアイテムも
見直しましょう
めがね
現金
千円
もしくはコンタクトレンズ
保険証
生理用品
(コピーでも可)
家族や友人の電話番号を書いた紙
母
03-0000
-1111
ライター
印かん
ス
停電すると
カード支払いなどが
できなくなるので
現金は必須です
コンビニやスーパーで店員さんがすべて現金で対応していました
会社で被災することも
当然あります
社内に何が備蓄されているか
確認して　足りないと
思ったものをロッカーなどに
置いておいてください
スニーカー
くつ下
動きやすい洋服一組
これらがロッカーに入れておく個人備蓄の基本アイテムだそう
私だったら
レインウエアと
ダウンジャケットを
足しておくかしらね
…登山用でなくても

登山を始めれば 備わっちゃうさ
私の登山式の備え いかがでしたか？
まだまだ甘いですが 登山をしたことない人には 防災のヒントに 登山装備を持っている人には 収納のヒントになれば いいなあと思います
みきさんは山の道具を たくさん持っているから あんなふうにできるけど いきなり 揃えられないですよ
袋ものありすぎじゃ ない？
まあ そうね でも いきなりテント泊から 始める人は少ないでしょ
助手くんいたの？
まずは日帰り登山に 必要なものを揃えるだけで 防災グッズが グレードアップするよ
いきなり 何に使うか わからない 高価な 登山用品を揃えたって 宝の持ち腐れに なっちゃう
アハ
あっ そうそう 日帰り登山なら 普段使いのものでも 代用できますもんね
しらじらと
わかってるね 助手くん 詳しくは私の 『あした、山へ行こう！』を 読むといいね
ぐっ
是非！
私からも

それにしても
これだけ備えてたら
安心ですね
いやあ
いくら備えても
足りるってことないん
じゃないかなあ
でも備えをしてなかった
ときに比べて
今のほうが気がラクに
なったのは確かだね
助手も避難に対する
ハードルが
下がった気がします
次があったら
避難所に
行ってみよ
うかな…
避難所に行くのが
嫌ではじめた防災だったけど
私も今は逆に
避難所に行くのもいいなと
思ってる
公的なものを
もっと頼っても
いいんだなって
幸いにも　まだ避難を
迫られたことがないから
本番でうまくいくかなんて
わからないじゃん
だから…
だから……？
登山
行こっか！
ニャハ

column 4 テント泊&持ち出し装備リスト

テ… テント泊登山
ひ… 避難所泊
○ 必要　× なくてもいい　△ あったら便利

テ	ひ		テ	ひ		テ	ひ	
○	△	テント	△	△	メイク用品	○	○	めがね・コンタクト
○	△	寝袋	×	△	ハンドクリーム	○	○	重要書類(コピーも可)
×	△	インナーシーツ	△	△	ヘアゴム	○	○	現金、小銭
○	○	マット	△	○	手鏡	△	○	クレジットカード
○	○	ヘッドライト	○	△	救急セット	○	○	レインウエア(上下)
△	△	(ソーラー)ランタン	○	○	常備薬	○	○	ダウンジャケット
○	○	モバイルバッテリー	△	△	目薬	△	△	ダウンパンツ
△	△	ソーラーパネル	△	△	ビニール手袋	○	△	フリースジャケット
○	○	予備電池	△	○	除菌シート	○	○	Tシャツ、シャツ
○	△	携帯コンロ	○	○	消毒スプレー	○	○	ベースレイヤー(上下)
○	△	コッヘル	△	○	マスク	○	○	下着
○	○	コップ	○	○	パンティライナー	○	○	くつ下
○	○	箸などのカトラリー	△	○	生理用品	○	△	トレッキングパンツ
△	×	カッティングボード	△	△	カイロ(↔冷却シート)	△	△	らくちんなズボン
○	△	ナイフ(ハサミ)	×	△	アイマスク	△	△	ゴムの薄手のスカート
○	○	ライター	△	△	耳栓	○	△	帽子(つば付)
○	○	トイレットペーパー	○	○	軍手(手袋)	△	△	ニット帽
×	○	ウェットティッシュ	○	△	ラジオ	○	△	サングラス
○	○	携帯トイレ	△	△	文庫本・トランプなど	○	○	登山靴
○	○	ポリ袋(大)	○	○	筆記用具	×	△	長靴
△	△	ジッパー付きポリ袋	×	○	油性マジック	△	△	サンダル
△	△	新聞紙	×	△	ガムテープ(布製)	×	○	室内履き
△	△	エコバッグ	×	△	ミニテーブル	○	○	水筒
○	○	手ぬぐい(ハンドタオル)	×	△	ミニチェア	△	△	保温ポット
○	○	歯みがきセット	×	△	レジャーシート	△	△	携帯浄水器
×	○	ドライシャンプー	○	△	折りたたみ傘	○	○	飲料水
△	○	デオドラントシート	△	△	ヘルメット	○	○	食料(おやつも)
○	○	基礎化粧品	○	○	ホイッスル			

第5章 「棚ぼた」？ 検証ストーリー

登山DE避難訓練

わぁ やっぱり山は 気持ちいいですね〜
だね！ 胸がすくね〜
でも 久々の 山でのテント泊 緊張するぅ
ま 今回は1泊だし ここまでロープウェイで きちゃったから 気楽にいこう
今回はさ ちょっと「防災」目線で 登山してみようよ
みきさんのいう 自立避難の訓練って ことですか？
そんな感じ 楽しい テント避難しよ
イエーイ
ワードが 喧嘩《けんか》していますけど 大丈夫ですか

さっそくだけど あそこを見て
崩れてる？
よく見ると 木が根こそぎ いっちゃってる…
土砂崩れって やつですか？
そそ でその左にも 木の色が違う部分が あるでしょ？
んー たしかに 緑色が明るいっていうか 木が低いから？
？
そそ 木が若いの あそこも以前に 崩れたことが あるんだろうね

それだったら
あっちにも こっちにも
そそ たくさん崩れてる でしょう? あの池なんて 元火口だよ
火口……
きれいだなーって 何気なく見ている 山の景色って いわゆる 災害跡だらけなの
災害……
でもそれは人間に影響が 及べば災害だけど 山としては 昔から続いている 営みのひとつなんだよね
だから 助手くんが 今立っているところが 急に崩れたり 噴火する可能性だって あるんだよ♪
ぎゃっ
ヤダーッ
アハハハハハ
ピョーン
待って くださいよぉ～
アハハ

でも ここは
登山道があるんだから
安全なんじゃ
ないんですかー?
えっさ ほいさ
ピタッ
足元 溶岩
へ?
噴火したとき飛んできたんだねー
もー
怖がらそうと
してぇ
いやいや 事実だから
私たちはそういう場所に
来たっていうこと
最先端の街なら
地震がこない?
観光地だったら
噴火しない?
どんな免罪符?
街にいると
街に覆われて忘れがち
だけど
山に来ると 剝《む》き出し
だから思い出すよね
実はいつも
生きてる地球の上で
暮らせているんだ
なあって……
なんで
うっとりしているのか
理解できません
キモイ
そお?

さて 天気がいいうちに テント張れるように 行きましょうか！
え？ あしたまで 絶賛晴れ予報ですよ？
助手、チェックしてきました
んー でも 気温も高いし 夕立があるかもよ？
あやしい雲も モクモクしてきたし
何より！
そんな 予感がする！
ちゅぱ
は？
おにぎり 食べとこ
なんで!?
あー
ズコッ
雨降ったら 食べにくいじゃん
もぐ もぐ
そのどきに おなか減ってでだら かなじい…
んぐ

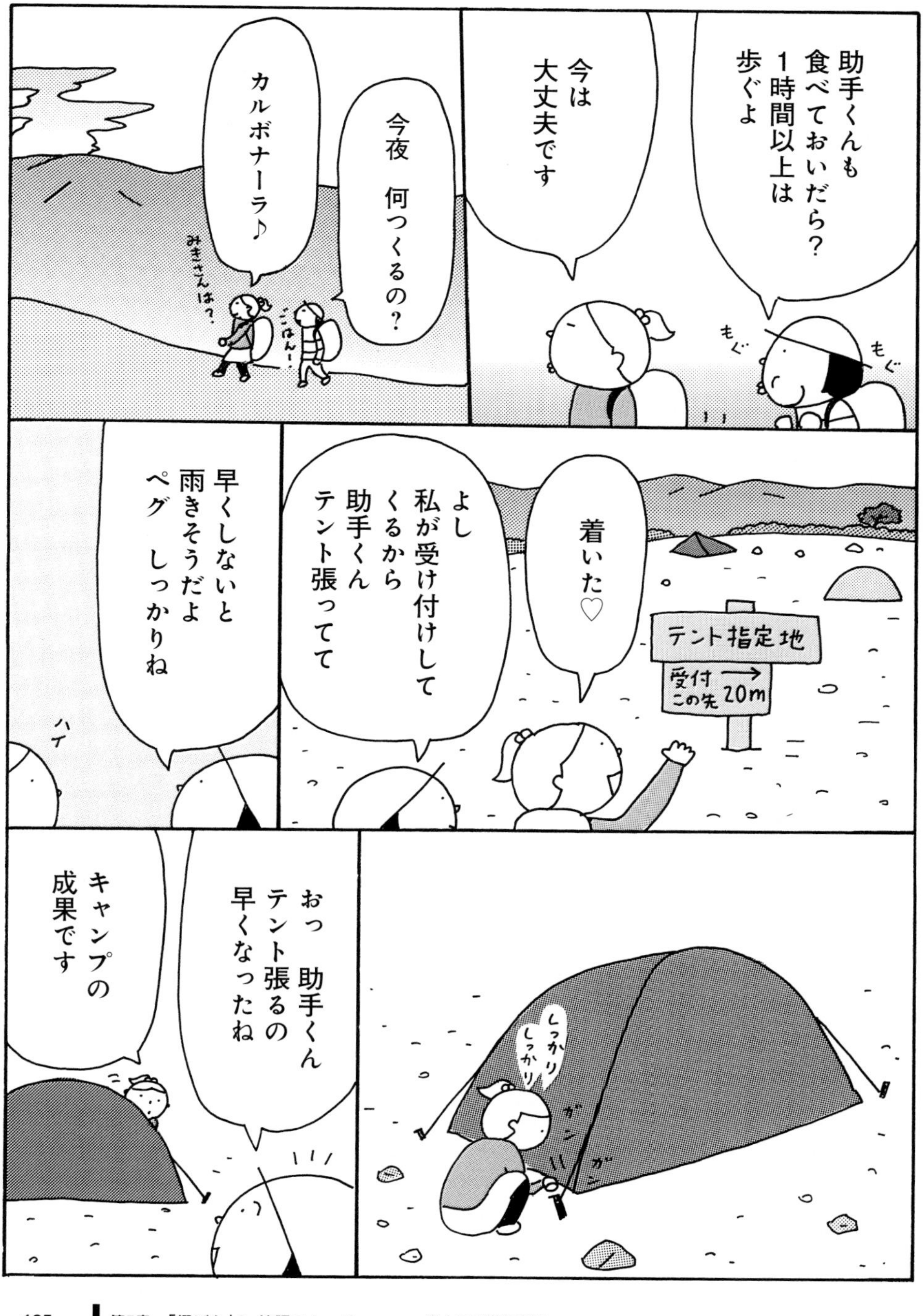
助手くんも食べておいだら？ 1時間以上は歩ぐよ
今は大丈夫です
もぐ
もぐ
今夜 何つくるの？
ごはん！
みきさんは？
カルボナーラ♪
着いた♡
テント指定地
受付 → この先 20m
よし 私が受け付けしてくるから 助手くん テント張ってて
早くしないと 雨きそうだよ ペグ しっかりね
ハイ
しっかり しっかり
ガン
ガン
おっ 助手くん テント張るの 早くなったね
キャンプの成果です

今 山小屋で 天気見てきたけど 雷注意報が出てたよ
明日は晴れ～
夏山だと いっつも出てますよね
でも鳴らないのよね
山は 雷多発地帯だからね
あっ
ポツンッ
雨 来たかも テント入ろ
ポッ
ポッ
ポツッ
ポツッ
助手くんの おかげで 間に合った
サンキュー
あれ？ ソロ避難《テント》じゃ ないんですか？
だって 今 雨降ってるよ？
それでも張れと・・
ピカッ
ドゴーー
バリバリバリバリバリ

雷も鳴ってるし？
それでも張れと…
ウエルカム トゥ マイ テント
テントで雷…はじめ…て
ピカッ
かも……
ドッドッーンンンン
助手くん 何か 食べておきよ
ビュ
ザー
みきさん テントが… テントが……
風で迫ってきます…
ビュ
風圧を感じるねえ
ザ
ペグ 抜けないといいねー
テント飛びませんか？
ザー
ビュ
どうだろうね
えーっと 雷と雨雲レーダーだと あと15分ってとこかな
ネットって便利ね〜
16:10
ゴー
ゴロゴロゴロ
ビュー
ザー
ザー
みきさん……

助手……山小屋に避難したいです
や 山小屋に避難しませんか？
ザー
ザ
オッケイ
風が弱くなるタイミングを狙おう
レインウエアを着て靴を履いておいて
ビュ
いいかな？
次に弱くなったらテントから出るよ
ハイ
低い姿勢で落ちついてダッシュね
——行くよっ
ハイッ
ザ
ザ
ザ
ザ

ザー
ガラッ
消灯
20:00
朝食
5:00
あらら
大丈夫ですか？
受付
1泊2食 9000円
テント 1000円
スミマセン
ちょっと ここで
雨宿りさせて
もらえませんか
いいですよ
上がります？
喫茶ルームあるよ
レインウエア
そこで脱いでね
助手くん
お茶でも
飲んでいこう
ね、
助手くんの
おごりで
……ハイ
はーい
ココア
2つ
テントとは
雲泥の差だねぇ〜
山小屋さま
さま
よかった よかった
ちーん
あ、もしや…
助手くん
心折れちゃったの？

ぐす
あ いい いい 折れたままで
さては お腹減ってるね？
怖かったもんね 雷は初めてって 言ってたしね
ホレ、大福 お食べ
あ〜ん
み……みきさんは 怖くなかったん ですか……？
あんな……
あ〜ん
怖かったよ
でもテントで こういうこと 初めてじゃ なかったから
もう少しで 止《や》むのを予想できたし
地形的にも 大丈夫そうだったし
じゃあ なんで…… 助手の避難に 応じたんですか？
もぐ…
助手くんが 怖いなら仕方ない
登山は 仲間と 弱いところを カバーし合いながら 行動するでしょ
体力や経験と 同じように 恐怖や不安を感じる 程度にも個人差が あるしさ
怖いものは怖い …誰かに合わせられる ものではないよね
スカイダイビング 楽しいよ 平気だって
NO FEAR

逆に 体力や経験がある人のほうが怖いことが少なくて危ないこともあるし
確認!
確認!
ぐっ
クチャ
ペチャ
多くの冒険家や登山家は自分のことを「怖がり」って言うよ
登山の装備や準備は結局「怖い」からするんだよね
怖いのに登山するってヘンですよね
怖いから真剣になれるのがいいのかなそれを乗り越えられたときは嬉《うれ》しいし
山には恐怖を上回るものがあるから困るのよ
トントン

たとえば
バカでかい虹
とかね!
わ〜
雨やどり
お世話さま
でした〜!
ありがとう
ございました
わ〜 テント
しょぼくれてる〜
ヨレ〜
助手くんの
ペグダウンが
よかったから
飛ばされなかったね
さすが
キャン
ギャル
私のテント
あのくらいの風には
耐えられるってことか
……
私の
ペグ
ダウンで
経験値
アゲアゲ〜〜〜♪
イエーイ
ですね
じゃあ 私も
テント張るかな!
なんか
疲れたね!
ひとりで
怖くない?
にひ
怖くない!
キャー
コワーイ

翌朝――
下山したらさぁ～
みきさん! きのうはなかった滝が!!
本当だ! あの雨 激しかったんだね～
おー 美しい
「怖い」を上回る滝ですね～
上回っちゃうねえ～
きのうがあってのきょうしか見られないんですもんね……
今回の登山でよかったのは やっぱりきのうの雷雨……
はじめて避難しなきゃって気持ちになったことですかね……
自然の力ってやっぱり怖いんだな

じゃあ
「自立避難訓練」
として成功だね
避難訓練だったのか
ガチ避難だったのか？
「自立避難」とは
言い難いような……
「自助」できたんだし
「自立避難」でいいと
思うぞ
ぐっ
それにテント泊なのに
山小屋を頼って
しまったし 今後も
山小屋がない場所では
ちょっと心配かも……
登山者としての
自立も…できてな…
助手くん
自立した登山者ってのは
何もない山のなかで
テント泊できることじゃ
ないぞ
自分の行動に
責任が持てるかなんじゃ
ないの？
そういう覚悟です
責任を持つために
備えられる人
その行動中に
何か問題が
起きたり失敗しても
それに対処できる人
どうかな？

それにしても助手はまだ…
私も自立してるかなんてわからないけど「そういうつもり」で判断するようにしているつもり！
フッ
自立している　つもり？
責任とる　つもりね
でも　なんで私はこんなに「自立」を目指してるんだろ？
？
そんな歳まで結婚してないからじゃないですか
それな！
って、おーい！
でも結局自分のために自立したいのかもな
んー深い…
助手はお嫁にいくつもりですけどみきさんのために自立しなきゃなと思ってますぅ
もうちょっとだけですよ？
え？　私がお嫁にいけなかったとでも？？
いかなかったのよっ
後半を拾ってくださいよ…
かわいいこと言ったのに…

それにしても
登山って　毎回
「自分史上」を更新
させてくれますよね
それはあるね
景色とか
達成感とか
満足感とか
最高のビールとか
いいほうの更新もあるけど
ちょいちょい
つらいほうの――
ムリー
くさい
汚ない
まずい
ごめん…
いたい
それが更新されると
そのあと　その程度までは
ガマンできるっていうか
つらくなくなるって
いうか――
あれに比べたら ムリじゃない
あれより くさくない
みきさんのより マシ
いたいけど いたくない
底上げっていうか
底下げ？
今　登山の印象
下がってないかな
だから「怖い」の程度も
みきさんと私で
違うんだろうし
うん
着替えないとか
お風呂入らなくても
平気とか
う、うん
仕事や
お金がなくても
焦らないとか
それ　登山と
関係なくない？
ちゃんと 焦ってるよ

なんだかんだ経験って大事なんだなあって
「災害」って遠いものだと思っていましたけどこんな助手でも山でそれを感じていたんだなって気づきました
身を守る意味みたいなものを頭に描けたような気がします
助手くんこっちもうちょっと！
ハ、ハイ！
いつのまにか命の守り方を登山から教わっていたみたいです
何があっても登山だと思えば乗り越えられる自信が……
にわかにフツフツと…
しっ
備えも憂いも持っとこ　助手くん

column 5 おうちでできる避難訓練

「登山にもキャンプにも、まだ踏み出せないな」と思ったら、自宅で避難訓練してみましょう。善は急げ(？)、どれかひとつでもチャレンジすれば、思っている以上に気づきがあるはずです。

頭ではわかっていることも、体感するとしないとでは雲泥の差。本番での行動に自信がもてるようになるでしょう。でも本当の避難ではないので、ストイックになりすぎないように(笑)。

初級 避難経路ウォーキング

ハザードマップを見ながら近所の避難場所、避難所巡り。
道中に隠れた危険(ex:崩れそうな家屋。窪地など)を探してみよう。

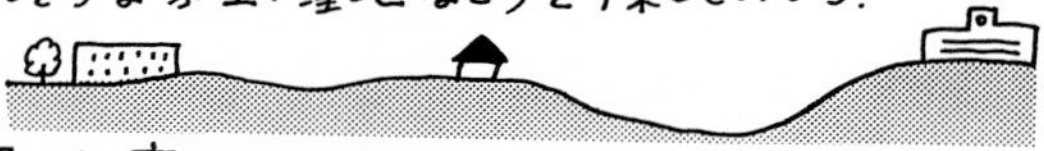

初級 停電ナイト

部屋の明かりを点ける時間から寝るまで、照明とテレビ、wifiを使わずに過ごしてみる。スマホは使ってもいいが就寝前まで充電は禁止。
ヘッドライトやランタン(キャンドルは火事に注意)がどのくらいの明るさなのか味わいつつ、データ使用量を抑えつつの夜を。

初級 断水クッキング

1〜2食、あらかじめ使う量を予想して汲んだ水だけで食事をしてみる。
メニューはインスタントものでもいつも通りでもOK! もちろん洗いものまで行う。
できれば台所のコンロではなく、カセットコンロや登山用コンロで

初級 携帯トイレチャレンジ

1度やっておくと抵抗がなくなるはず

中級 停電デイ

半日以上、冷蔵庫以外の家電(IHコンロ、冷暖房も含む)が使えないものとして過ごしてみよう。こんなに電気を使ってるのかと驚くかも。

中級 おうちでキャンプ

ここは山のなかだ! と想像をふくらませ、ガスと冷蔵庫以外の電気、水道は水のみしか使えないキャンプをしてみる。テントを張り、山ごはんを作って寝袋で寝て翌朝を迎えよう。庭やベランダにテントを張れば、より臨場感があっておもしろい

上級 在宅避難ごっこ

しっかり備えをしたうえでブレーカーをおとし、水道・ガスの元栓を閉めて挑むリアルガチシミュレーション。1泊してみるとリアルに備えなくてはならないものや量が把握できるはず。

終章　おわりに

「with災害」の時代に
極端な話
住むところにより
遭う災害は
決まっています
そこに住む以上
それとどうやって
つきあっていくのかを
考えるのは　私たちの
宿命だと思います
荒れる空も
氾濫する川も
崩れる山も
揺れる大地も
襲う海も
そのとき以外は
心を癒やし
元気をくれ
作物を育て
恵みを与えてくれる
存在です
むしろ　そこが
わが町の自慢であり
住民の拠《よ》り所《どころ》だったり
しますよね
それがたまに　豹変《ひょうへん》する姿に
私は　年貢か借金の
取り立てを想像して
しまいます
おうおう
いつも優しくしてやって
つけ上がりやがってよリ
待ったなしだぜ・・え?
直接の滞納者でなくても
容赦などなく
取り立てていくあたりは
鬼です
昔の人が
自然を祀《まつ》って
災害を鎮めようとした
気持ちがわかります
ヌハハ
もらって
いくぜ
ぎゅっ

忙しく暮らしていると
つい 自然から
借りがあることを
忘れてしまいます
恐ろしい取り立て屋が
来てみて ハッとする
日常生活での反省
手間を省くことに
慣れすぎだなあ
塵《ちり》も積もれば
なんとやら……借りも
積もり積もって
利息もついちゃった気が
するんですよね
あきらかに
何かが変わってきてると
世界中が気づいているはず
これからも
災害がなくなることは
ありません
借りを返しながら
なんとか被害を
最小限に抑えたい
ものです
防災は そのときの
ためだけではなく
変わりゆく今を
生きる生活の一部です
取り立て屋を
追い返す方法
ではなく
取り立て屋と
うまくやる方法
今回は
このくらいに
しといてやらぁ♪
お中元
ホッ

だから もう
日常として習慣に
していくしかないと
思うんです
私たちが変わって
いくしかない
慣れすぎてしまうのも
よくないですが
そのときに平然と
行動できるように
ハイ、今年もキターーッ
じゃ、用意するかー
とはいえ
甚大な災害は 私が
思う何百倍も残酷で
その避難生活は過酷な
ものなのでしょう
でも備えることしか
今できることは
ないのです
いつ どんな災害が
どのくらいの規模で
自分を待っているか
わかりません
本当にこの備えで
太刀打ちできるのか
思っているように
身体が動くのか
失ったものに
心は耐えられるのか
そもそも
助かるのか

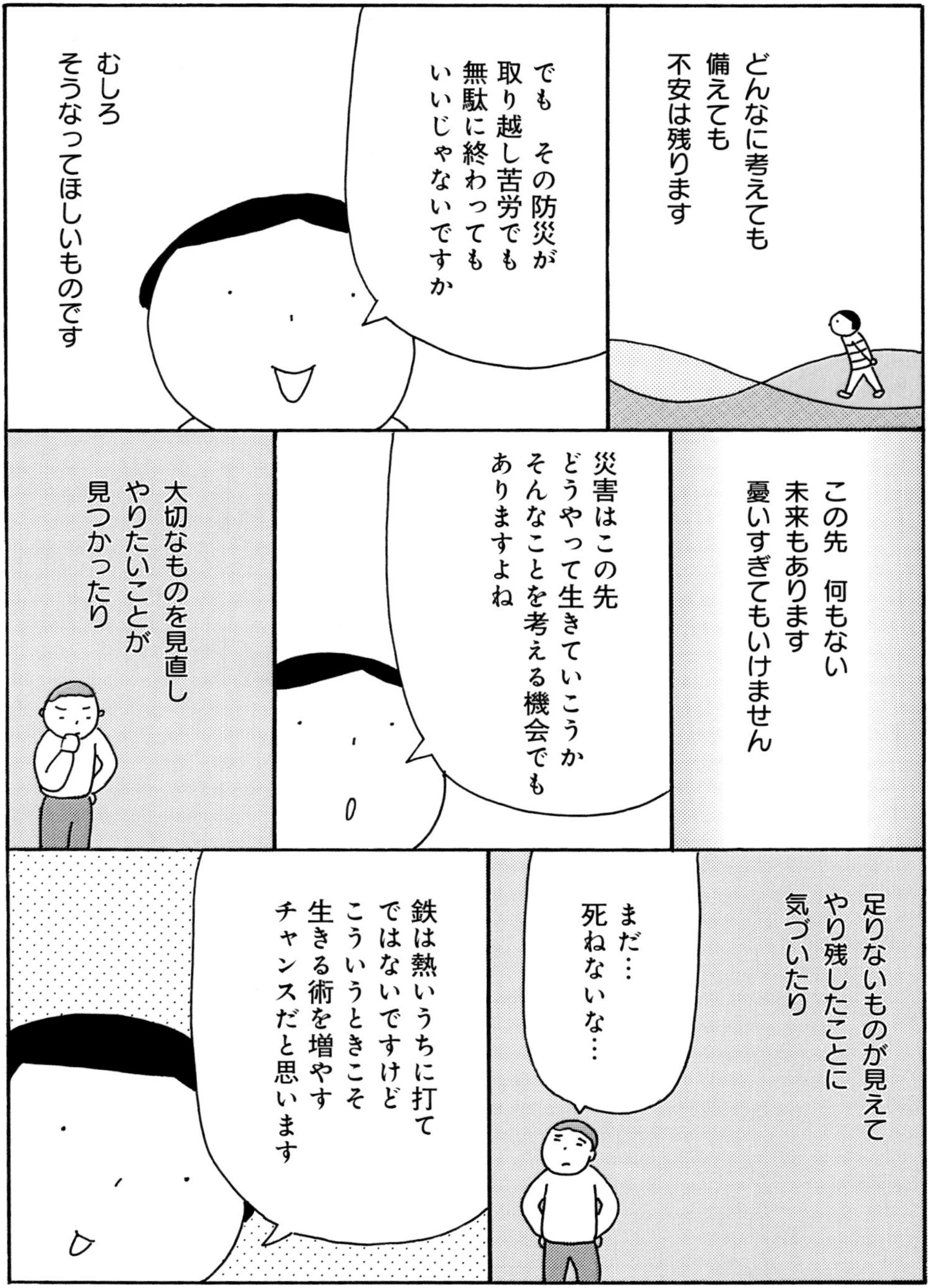
どんなに考えても備えても不安は残ります
でも　その防災が取り越し苦労でも無駄に終わってもいいじゃないですか
むしろそうなってほしいものです
この先　何もない未来もあります憂いすぎてもいけません
災害はこの先どうやって生きていこうかそんなことを考える機会でもありますよね
大切なものを見直しやりたいことが見つかったり
足りないものが見えてやり残したことに気づいたり
まだ…死なないな…
鉄は熱いうちに打てではないですけどこういうときこそ生きる術を増やすチャンスだと思います

アウトドア・アクティビティには生きる術が詰まっています
なかでも「登山」は自分の足だけで「登って下る」というシンプルさ　私はそこに惹《ひ》かれます
この機会に防災の備えということでアウトドアの趣味をひとつ　持ってみてはいかがでしょうか
今回は「防災」というフィルターを通して登山を紹介したのでサバイバル感を強く感じたかもしれませんが登山はとっても楽しいアクティビティです
老若男女　スポーツができるできないに関係なく同好の士が多く情報を得やすいので比較的始めやすい趣味だと思います
静かで大きな山々
森の木漏れ日
野鳥のさえずり
気持ちよく汗をかき
仲間と語り　歩き
風に吹かれ
雨に降られ
膝が笑い
自分に負けそうになっても
登山は本当にいいものです

登山を好きになったら
防災を忘れてしまっても
勝手に防災がついてきます
防災を高めず
好きを高めていけば
いいのです
キラン
助手にも ひとこと
言わせてください
登山が怖かったら
キャンプ場での
テント泊にトライして
みてくださいね～
そう
それでもいいけど
やっぱり登山をっ！
山にいらっしゃいませー
ムギュ
いやいや
防災を……か？
何が先でも
かまいません
あなたがそのときに
無事でいてくれたら
みんな嬉しい
そう周りが
思ってること
忘れないで
くださいね
助手も
嬉しいですよ～
是非～～～～～～～～～!!

おしまい

あとがき

この原稿を描いている途中、熊本で大きな水害（令和2年7月豪雨）がありました。日々刻々と更新される被害状況と防災情報に私のこの本に込める想いもあっちに行ったりこっちに行ったり…。もっと描けることがあるのではないかと疑心暗鬼になることもありました。そんなとき支えてくれたのは長年の登山経験でした。「登山」が防災に役に立つということは自信をもって描くことができたからです。こんなときだからそれを早くお伝えしなくては。描きながらそんな気持ちにもさせられた災害でした。

そして忘れてはならないのは新型コロナウイルスの蔓延《まんえん》です。いつもの「自然災害」とは違う恐怖や不安が、今なお続いています。私たちの日常が災害との「共存」であることは胸に留めていたつもりでしたが、今度は「共生」という方法を考えていかなくてはならなくなりそうです。これが試練なのか、未来なのか。人それぞれ考えはあると思いますが、私は自然に生きる植物や動物や昆虫をお手本に、環境（未来）に適応する戦略を模索中です。変容するのに時間はかかるかもしれませんが、どんな状況においても先読みして備える、それが登山者の習慣ですからね！

登山を介した防災という難解なテーマに取り組ませてくれた講談社エディトリアルの佐藤美奈子さん、これまでも「実用コミック」にこだわって一緒に5冊作ってきましたが、これが一緒に作る最後の1冊かな。少し早いですが長年のお勤めおつかれさまでした。10年前、初めて打ち合わせをした日が懐

かしい。今回もこれまでも、ありがとうございました。ブックデザインを手掛けていただいた森佳織さんもありがとうございました。この場をお借りしてお礼申し上げます。

なにかと窮屈な2020年ですが、読者のみなさんはどんなことを考えて過ごされていたでしょうか。またどこかでお会いできるようになったときにお聞かせください。そのときまで防災を意識して備えを整えておいてもらえたら嬉しいです。

近々登山やアウトドアをはじめようと思っている方は、過去の体力や気力を過信せず、どんな方もまずは近場の初心者向けの場所を選んで少人数でお出かけしてほしいと思っています。さすれば、このウイルスのことが片付く頃に安心して大きな山に出かけられる経験がついてくるはずですよ。

ああ、みんなで大手を振って大声で笑って山を歩ける日が待ち遠しい。
山は本当にいいところですね。

令和2年8月10日　山の日　札幌の自室にて
鈴木みき

おまけ
鈴木の悪あがき2
2020年2月
私は防災士の研修及び受験のため
東京の実家にやってきた
勉強したことを発揮するぞ！
緊張するぜ
防災士とは、防災の知識と技能を習得し、研修を経て、日本防災士機構の認定試験に合格した者
ところが研修の数日前に新型コロナウイルスの影響でばっさりと中止
ウイルスめぇ〜〜
勉強したこと忘れちゃうだろー
↑ここが問題な47才
しかし、ギリギリの中止ながらもためらわず決断したあたりさすが防災を扱う資格だけあるな、と妙に感服
悲報
この本は防災士になりかけの作家によって描かれています
信頼してほしかったけど間に合わずごめんね
アンタ今度は何になるの？消防士？
母
一昨年は日本語の先生になるって引っ越したり
防災士ね
ホラ、東日本のときたまたま東京にいたじゃん？
今思うと もっと困ってる人の役に立てることあったなって、思ったのよね・・・
でもこれで人を助けられる人になれるはず！
てか世界を守るわ

その晩のこと――
ジリリリリリリ
パンッ
ジリリリリリ
わー
わー
抗争？ なにコ？
非常ベル？
発砲音？
怒号？
外を見てみるか…
ガチャ
チラリ
メラ
さラ
火事だ
かっ
火事!?
通路を挟んで向かいの建物でした
わわっ どうしよ
なにしよ
え？
え？
通報か！
通報だ！
そうだった
そうだった
ピタッ
え？ 何番？
えーと
110番は警察でしょ
119番は救急車…
えええぇ〜
じゃあ消防車は!?
あ
ECOSIA
火事 つうほう
通報
これで防災士になれるでしょうか…
そんなー
119番でいいの!?
ガーン

【参考文献】※順不同

防災士教本　（第2版3刷　日本防災士機構／編・発行）
地震イツモノート　キモチの防災マニュアル　（2刷　渥美公秀／監修　ポプラ社／発行）
クロワッサン特別編集【増補改訂】最新版　地震・台風に備える防災ＢＯＯＫ　（２０１９年６月発売　マガジンハウス／発行）
アウトドアで防災ＢＯＯＫ（別冊ランドネ）　（２０１９年９月発売　枻出版社／発行）

※なお、製品のスペックなどの情報は、２０２０年８月時点のものです。

ブックデザイン／森 佳織（D-advance）
編集協力／平入福恵

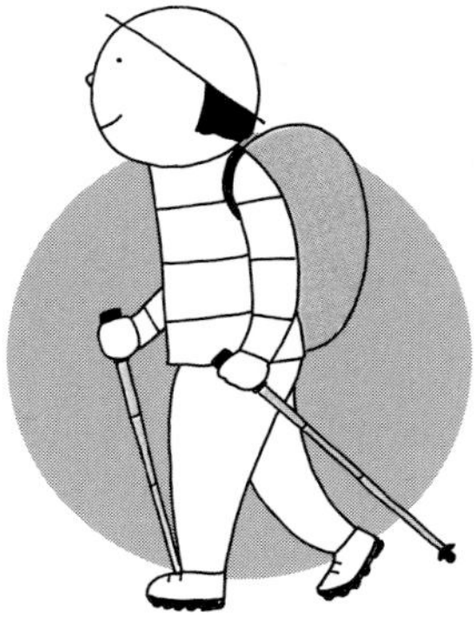

著者紹介　**鈴木みき**（すずき　みき）　イラストレーター

1972年、東京都生まれ。24歳のころのカナダ旅行で壮大な山の景色に感銘し、山の魅力にハマる。山岳雑誌の読者モデルで各種登山を経験、さらにスキー場や山小屋でのアルバイトの経験で積み上げげたものをもとに、山系イラストレーターに。単行本のデビュー作は『悩んだときは山に行け！』（平凡社）。その後イラストレーションの仕事や雑誌などへの寄稿、トークイベントや講演を行い、女子登山を応援している。著書に『あした、山へ行こう！』『山小屋で、会いましょう！』『山テントで、わっしょい！』（以上、講談社　女子登山3部作）など多数。ほか、女性ひとりでも参加しやすい登山ツアーの企画＆随行も行っている。30代後半に生活拠点を東京（都会）から山梨県（山近）に移し8年暮らしたのち、現在は北海道札幌市に在住。

ブログ ――――― https://ameblo.jp/suzukimiki/　鈴木みきのとりあえず裏日記
フェイスブック―― https://www.facebook.com/Mt.mikisuzuki/
ツイッター ――― https://twitter.com/Mt_suzukimiki
インスタグラム― https://www.instagram.com/mt.suzukimiki/

もしも…に慌《あわ》てない
登山式《とざんしき》 DE《で》 防災習慣《ぼうさいしゅうかん》　**お役立《やくだ》ちコミックエッセイ**

2020年11月 3 日　第 1 刷発行

著　者　鈴木《すずき》みき
発行者　渡瀬昌彦
発行所　株式会社 講談社
〒112-8001　東京都文京区音羽 2-12-21
販売　TEL 03-5395-3606
業務　TEL 03-5395-3615
編集　株式会社 講談社 エディトリアル
代表　堺 公江
〒112-0013
東京都文京区音羽 1-17-18 護国寺 SIA ビル 6F
TEL 03-5319-2171
印刷所　株式会社 新藤慶昌堂
製本所　株式会社 国宝社

定価はカバーに表示してあります。
本書のコピー、スキャン、デジタル化等の無断複製は、著作権法上での例外を除き禁じられています。
本書を代行業者等の第三者に依頼してスキャンやデジタル化することは著作権法違反です。
落丁本・乱丁本は購入書店名を明記のうえ、講談社業務あてにお送りください。送料は小社負担にてお取り替えいたします。
なお、この本の内容についてのお問い合わせは、講談社エディトリアルまでお願いいたします。

©Miki Suzuki 2020,Printed in Japan　ISBN978-4-06-521360-5

鈴木みきの実用コミックエッセイ　好評既刊

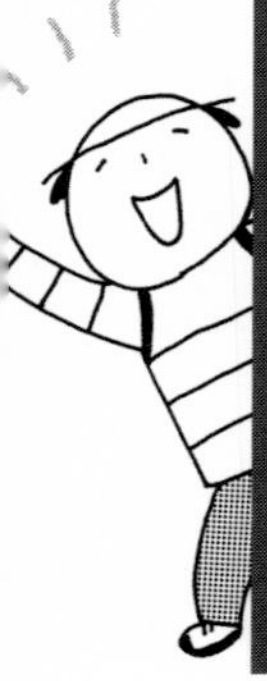

女子登山３部作

あした、山へ行こう！

日帰り「山女子」のすすめ

ISBN 978-4-06-216459-7

「山へ行こう！」思いついたときに、そのときの自分にできる範囲の準備、用意できる時間で行ける登山の形——日帰り登山——をていねいに解説しました。だから、あしたからでも登山を始められます。コースガイドも充実！

山小屋で、会いましょう！

楽しみ広がる「お泊まり登山」

ISBN 978-4-06-217056-7

日帰り登山に慣れてきたら、今度はお泊まりを経験してみましょう。初めてだって大丈夫。山小屋は登山者としてもスタッフとしても経験のある、みきさんが内から外からお教えします。胸に響く登山ストーリーも入って、もりだくさん！

山テントで、わっしょい！

極める「山女子」のヨロコビ

ISBN 978-4-06-217683-5

この頃のトレンドは「個室」ならぬ「個テント」？　昔と違い、小型（1～２人用）テントが好まれるとか。装備の軽量化で、女性にだってテント泊縦走が叶う時代になりました。お役立ち度バツグンのハウツーがいっぱい。

スキルアップ

山、楽しんでますか？

安心安全登山のための「次のステップ」

ISBN 978-4-06-219157-9

登山を始めて３～４年、「キビしい登山」を追いたくなる。でも、ちょっと焦ってない？　何事にも焦りは禁物。今の自分の立ち位置をしっかりとらえれば「次のステップ」が見えてくる……みき流ならではの脱・初心者のすすめ！

地図を読むと、山はもっとおもしろい！

コミックだからよくわかる 読図の「ど」

ISBN 978-4-06-219669-7

登山地図、地形図、コンパス。使い方がイマイチわからないアナタ、使うのが面倒くさいアナタ、既存の読図本を読もうとしてもチンプンカンプンだったアナタ……そんなアナタ方に捧げる、日本でいちばんわかりやすい読図本（たぶん）！